Johann Wolfgang von Goethe
Iphigenie auf Tauris

Vom Stichwort zum Textbaustein

Pädagogisch-didaktisches Konzept:
Günther Nieberle, Diplompädagoge, Regensburg

Mitarbeit:
Christiane Hauner, Gymnasiallehrerin für Deutsch

www.vekole.de

ISBN 978-3-9810148-6-0

Layout: Birgit Szuba, Regensburg

Inhalt

1. Aufbau und Konzeption des Arbeitsheftes....4
2. Erarbeitung von Textbausteinen zu Johann W. Goethe: Iphigenie auf Tauris....5
2.1 Inhalt des Schauspiels....5
2.2 Inhalt 1. Aufzug....6
2.3 Inhalt 2. Aufzug....8
2.4 Inhalt 3. Aufzug....9
2.5 Inhalt 4. Aufzug....10
2.6 Inhalt 5. Aufzug....12
2.7 Literaturgeschichtliche Einordnung....14
2.8 Der Aufbau des Dramas....15
2.9 Der mythologische Hintergrund....17
2.10 Charakterisierung Iphigenie....18
2.11 Charakterisierung Thoas....20
2.12 Charakterisierung Orest....21
2.13 Charakterisierung Arkas und Pylades....22
2.14 Das Geschlechterverhältnis im Schauspiel....23
2.15 Sprachliche Struktur und Versmaß....25
2.16 Erschließung von Schlüsselstellen 1: Aufzug I, 1.Auftritt....26
2.17 Erschließung von Schlüsselstellen 2: Aufzug III, 3. Auftritt....30
2.18 Erschließung von Schlüsselstellen 3: Aufzug IV, 1.Auftritt....33
2.19 Erschließung von Schlüsselstellen 4: Aufzug V, 3.Auftritt....36

3. Musterlösungen....40
3.1 Inhalt des Schauspiels....40
3.2 Inhalt 1. Aufzug....40
3.3 Inhalt 2. Aufzug....41
3.4 Inhalt 3. Aufzug....42
3.5 Inhalt 4. Aufzug....42
3.6 Inhalt 5. Aufzug....43
3.7 Literaturgeschichtliche Einordnung....44
3.8 Aufbau des Dramas....44
3.9 Der mythologische Hintergrund....45
3.10 Charakterisierung Iphigenie....46
3.11 Charakterisierung Thoas....46
3.12 Charakterisierung Orest....47
3.13 Charakterisierung Arkas und Pylades....47
3.14 Das Geschlechterverhältnis im Schauspiel....48
3.15 Sprachliche Struktur und Versmaß....49
3.16 Erschließung von Schlüsselstellen 1: Aufzug I, 1. Auftritt....49
3.17 Erschließung von Schlüsselstellen 2: Aufzug III, 3. Auftritt....50
3.18 Erschließung von Schlüsselstellen 3: Aufzug VI, 1. Auftritt....51
3.19 Erschließung von Schlüsselstellen 4: Aufzug V, 3.Auftritt....52

4. Die Kombination der Textbausteine....54
4.1 Übungsaufgabe....54
4.2 Musterlösung zur Übungsaufgabe....55
4.3 Kopiervorlage für Textbausteine....56

1. Aufbau und Konzeption des Arbeitsheftes

Die vorliegende Klausurenhilfe unterstützt Sie beim Erschließen des Schauspiels *Iphigenie auf Tauris* von Johann Wolfgang von Goethe. Sie strukturiert den Lernstoff, indem sie aus der Fülle der Informationen, die Sie dem Deutschunterricht, der Recherche im Internet sowie dem Studium von Lektürehilfen entnommen haben, die Gesichtspunkte herausgreift, die im Unterricht erfahrungsgemäß von besonderer Bedeutung sind. Diese Inhalte werden in der Form von *Textbausteinen* zu einzelnen Aspekten des Schauspiels erarbeitet.

Sie finden im Folgenden Übungsaufgaben

- zum Inhalt und zur literaturgeschichtlichen Einordnung des Werkes
- zum Aufbau des Schauspiels
- zum mythologischen Hintergrund
- zur Charakterisierung der Figuren
- zur sprachlichen Struktur
- zur Erschließung von Schlüsselszenen

Bitte bauen Sie Ihr Training in der folgenden Weise auf:

- In einem ersten Arbeitsschritt erstellen Sie eine Stichwortsammlung zum jeweiligen Übungsschwerpunkt, z.B. in Form einer Mindmap
- Anschließend vergleichen Sie Ihr Ergebnis mit den Vorschlägen 2.1 – 2.19 in diesem Heft: Überprüfen Sie die Auswahl Ihrer Stichwörter und Ihre Formulierungen
- Im nächsten Schritt verknüpfen Sie die einzelnen Stichwörter, formulieren sie aus und erstellen einen Textbaustein zum Thema
- Vergleichen Sie wiederum Ihr Ergebnis mit den Vorschlägen 3.1 – 3.19 im Heft

Wenn Sie die Aufgaben bearbeitet haben, haben Sie sich Grundlagenkenntnisse zu den wesentlichen Aspekten, die für das Verständnis der *Iphigenie* wichtig sind, angeeignet und sind auf die Anforderungen, die eine Leistungsüberprüfung zu Goethes Schauspiel an Sie stellt, vorbereitet. In einem letzten Schritt geht es nun noch darum, die erarbeiteten Bausteine in Bezug auf eine konkrete Themenstellung sinnvoll zu kombinieren.

Am Ende unserer Klausurenhilfe steht eine Übungsaufgabe zur Erstellung einer Einleitung einer Gliederung sowie zur Formulierung eines passenden Schlussgedankens.

Weiterführende Literatur u.a.:

Jeßing, Benedikt: Johann Wolfgang Goethe, Iphigenie auf Tauris, Erläuterungen und Dokumente, Reclam
Leis, Mario: Johann Wolfgang Goethe: Iphigenie auf Tauris. Lektüreschlüssel, Reclam
Taubenberger, Christian: J.W. von Goethe: Iphigenie auf Tauris: Interpretationshilfe Deutsch, Stark

Internet u.a.:
www.wikipedia.de
www.digitale-schule-bayern.de

2. Erarbeitung von Textbausteinen zu Johann W. Goethe: Iphigenie auf Tauris

2.1 *Inhalt des Schauspiels*

- Vorgeschichte: Iphigenie, Tochter des Königs Agamemnon aus dem Geschlecht der Tantaliden, ist von der Göttin Diana auf die Insel Tauris gebracht worden
- Dort lebt sie als Priesterin im Tempel Dianas, einsam und von Heimweh nach Griechenland geplagt
- Seit einem Frevel des Tantalus gegen die Götter lastet auf ihrer Familie ein Fluch
- Die Taurer pflegen den „barbarischen" Brauch, Fremde, die auf ihrer Insel gestrandet sind, der Diana zu opfern
- Iphigenie hat König Thoas dazu gebracht, diese Menschenopfer einzustellen
- Thoas unterbreitet Iphigenie einen Heiratsantrag, den diese ablehnt
- Über die Zurückweisung erzürnt, droht Thoas mit Wiederaufnahme des blutigen Rituals
- Iphigenies Bruder Orest und sein Freund Pylades treffen auf Tauris ein, werden gefangen genommen und sollen den Opfertod sterben
- Pylades entwickelt einen Fluchtplan: Iphigenie soll helfen, die Taurer zu täuschen; sie soll mit Orest und Pylades fliehen
- Iphigenie hegt Widerwillen gegen die Täuschung; Thoas zu belügen widerstrebt ihr
- Sie entscheidet sich im Konflikt zwischen ihren persönlichen Wünschen und der Wahrhaftigkeit schließlich für die Wahrheit und offenbart dem Taurerkönig den Fluchtplan
- Thoas zeigt sich von der Menschlichkeit Iphigenies beeindruckt und lässt die Griechen ziehen

Erstellen Sie einen Textbaustein zum Inhalt des Werkes:

....

....

....

....

....

....

....

2.2 Inhalt 1. Aufzug

- *Vorgeschichte der Handlung*
  - Iphigenie, Tochter des Agamemnon und der Klytämnestra, ist von der Göttin Diana (griechisch Artemis) vor dem Opfertod gerettet und auf die Insel Tauris (heute Halbinsel Krim) gebracht worden
  - Seit Jahren tut sie dort Dienst im Tempelhain der Diana
  - Ihre Identität als Angehörige des Tantalidengeschlechtes, auf dem ein Fluch der Götter liegt, ist den Inselbewohnern unbekannt
  - Bei den Taurern ist es bis dahin Brauch gewesen, auf der Insel gestrandete Fremde der Göttin zu opfern
  - Iphigenie hat erreicht, dass dieser „barbarische" Brauch abgeschafft wird
- *Gefühlslage Iphigenies*
  - Iphigenie fühlt sich, von ihrer Familie getrennt und fern der griechischen Heimat, einsam und verspürt Heimweh
  - Zugleich empfindet sie Dankbarkeit Diana und Verpflichtung den Taurern gegenüber
  - Iphigenie beklagt ihr Dasein als Frau: Sich wie ein Mann durch mutige Taten auszuzeichnen bleibt ihr verwehrt

- *Handlung im ersten Aufzug*
  - Arkas, der Vertraute des Königs Thoas, überbringt Iphigenie dessen Heiratsantrag, lobt ihren positiven Einfluss auf das Leben in Tauris (Abschaffung des Rituals der Menschenopfer), bittet sie um Enthüllung ihrer Identität
  - Iphigenie lehnt ab, lässt sich auch durch Thoas' persönlich vorgetragenen Antrag nicht umstimmen
  - Zur Begründung ihrer Ablehnung verweist sie auf ihre Verpflichtung gegenüber Diana, die sie gerettet hat, und offenbart dem König ihre tragische Familiengeschichte
  - Thoas ist über die Ablehnung erzürnt und gibt Anweisung, das Opferritual wieder aufzunehmen; zwei Fremde, die am Strand aufgegriffen wurden, sollen Diana geopfert werden
  - Iphigenie bittet die Götter um Hilfe

Erstellen Sie einen Textbaustein zum Inhalt des 1. Aufzugs:

....

....

....

....

....

....

....

....

....

....

....

....

....

....

....

....

2.3 *Inhalt 2. Aufzug*

- Iphigenies Bruder Orest und sein Freund Pylades sind die Fremden, die unter Iphigenies Regie der Diana geopfert werden sollen
- Die beiden interpretieren ihre Lage unterschiedlich:
  - Orest reflektiert über die Geschehnisse der Vergangenheit, den Tantalidenfluch, seinen Mord an Klytämnestra, seiner Mutter
  - Er beklagt sein Schicksal und sieht seine Bestimmung im Tod als *„Opfertier"*
  - Pylades dagegen vertraut auf die Möglichkeit, die Mission zu erfüllen, welche die Freunde nach Tauris führt: Durch Heimholung *„der Schwester"* Apolls nach Griechenland soll Orest von der Verfolgung durch die Rachegöttinnen (Erinnyen) befreit werden
  - Die beiden Griechen verstehen unter *„der Schwester"* die Dianastatue im Tempel, wissen (noch) nicht, dass sich der Auftrag in Wirklichkeit auf Iphigenie, die Schwester Orests, bezieht
  - Pylades plant an Iphigenies *„reines Herz"* zu appellieren und sie als Helferin zu gewinnen
- Iphigenie erkennt Pylades als Griechen und nimmt ihm die Fesseln ab
- Er gibt sich als trojanischer Kämpfer aus; Orest sei sein Bruder
- Iphigenie erfährt vom Untergang Trojas und vom Mord an Agamemnon
- Pylades sieht Iphigenie durch die Nachricht tief betroffen, bleibt aber über ihre Identität im Unklaren

Erstellen Sie einen Textbaustein zum Inhalt des 2. Aufzugs:

....

....

....

....

....

....

....

....

....

....

....

2.4 *Inhalt 3. Aufzug*

- Iphigenie erfährt von Orest, wie sich die Ereignisse in der Heimat entwickelt haben und dass ihre Geschwister noch leben
- Die Geschwister befinden sich weiterhin in Unkenntnis ihrer wahren Identität
- Als Orest Iphigenie vom Schicksal ihrer Familie erzählt, spürt er deren Anteilnahme und gibt sich zu erkennen
- Daraufhin enthüllt ihm auch Iphigenie, wer sie ist
- Statt Freude, die Schwester gefunden zu haben, fühlt Orest Furcht, dass der Tantalidenfluch die Schwester zum Brudermord bestimmen werde
- Er fällt in Ohnmacht; Iphigenie holt Pylades zu Hilfe
- Währenddessen spricht Orest im Wahn von seinen Ahnen in der Unterwelt (Tartarus); in seiner Einbildung herrscht nun Frieden zwischen ihnen
- Als Iphigenie mit Pylades zurückkommt, wähnt Orest die beiden ebenfalls im Tartarus
- Iphigenie fleht die Göttin Diana an, Orest vom Wahnsinn zu befreien; Pylades appelliert an die Vernunft des Freundes
- Der Fluch löst sich und Orest schließt Iphigenie in die Arme
- Pylades drängt zur Flucht

Erstellen Sie einen Textbaustein zum Inhalt des 3. Aufzugs:

....

....

....

....

....

....

....

....

....

....

....

....

....

....

....

....

....

2.5 *Inhalt 4. Aufzug*

- Iphigenie lobt in einem Monolog die Tatkraft und Klugheit des Pylades
- Sein Fluchtplan sieht vor, dass die beiden Freunde das Bildnis Dianas rauben und anschließend mit Iphigenie auf dem Schiff, das *„in einer Bucht versteckt"* (V1397) wartet, in die Heimat fliehen
- Iphigenie soll das Menschenopfer unter einem Vorwand hinauszögern
- Sie fühlt Unbehagen wegen der Lüge, die von ihr verlangt wird
- Iphigenie verhält sich zunächst gemäß Pylades' Plan: Als Arkas zur Durchführung der

Opfer mahnt, gibt sie vor, zunächst das Bildnis der Diana im Meer reinwaschen zu müssen

- Arkas wird misstrauisch und kommt erneut auf Thoas' Heiratsantrag zurück, durch dessen Annahme Iphigenie die Opfer verhindern könne
- Mehr und mehr wird Iphigenie der Betrug verhasst; in einem Monolog wird ihre zunehmende Distanz zum Plan des Pylades deutlich
- Pylades bringt Iphigenie die Botschaft von der Heilung Orests
- Er kommt um das Bildnis Dianas zu holen
- Als Iphigenie vom Misstrauen Arkas' berichtet und vor dessen baldiger Rückkehr zum Tempel warnt, wird sie von Pylades getadelt, weil sie ihn nicht mit dem Verweis auf ihr Priesterrecht daran gehindert habe
- Pylades drängt auf schnelle Umsetzung des Plans: Durch eine neue Lüge –Iphigenie soll vorgeben, die beiden Gefangenen hielten sich im Tempel auf– soll Zeit gewonnen werden
- Pylades bemerkt Iphigenies Zögern angesichts ihres Zwiespalts zwischen der Sehnsucht nach Rettung und der moralischen Verpflichtung gegenüber Thoas
- Er versucht sie erneut von der Notwendigkeit des Betruges zu überzeugen und vertraut schließlich darauf, dass Iphigenie zum vereinbarten Vorgehen steht
- Im Schlussmonolog des Aufzugs spricht Iphigenie von ihrer Verzweiflung angesichts der schicksalhaften Entscheidung, vor der sie steht
- Die Verwirklichung des Fluchtplans würde zwar die Griechen retten, aber Thoas und die Taurer verraten
- Der Entschluss zur Wahrhaftigkeit andererseits hätte den Tod der Gefährten zur Folge
- Der Widerspruch bleibt ungelöst und Iphigenie beklagt im *„Lied der Parzen“* die Macht der Götter über die Menschen

Erstellen Sie einen Textbaustein zum Inhalt des 4. Aufzugs:

....

....

....

....

....

....

....

....

2.6 *Inhalt 5. Aufzug*

- Arkas berichtet Thoas von seinem Argwohn gegenüber Iphigenie
- Thoas befiehlt den Hain zu überwachen, die Gefangenen festzunehmen, Iphigenie zu ihm zu bringen
- Der Taurerkönig macht sich Vorwürfe, Iphigenie gegenüber zu nachgiebig gewesen zu sein und sie dadurch zum Verrat ermutigt zu haben
- Iphigenie erklärt Thoas, die Verzögerung der Opfer sei eine von der Göttin eingeräumte *„Frist zur Überlegung"*
- Der Taurer beruft sich auf *„ein alt Gesetz"*, das ihm sein Handeln vorschreibe
- Thoas drängt Iphigenie, ihm ihre wahren Motive offenzulegen
- Iphigenie verweist auf ihr eigenes Schicksal: Sie selbst sei vor dem Opfertod gerettet worden und wolle deshalb nun die Gefangenen verschonen
- Sie beklagt, dass ihr die Macht zur Durchsetzung ihrer Überzeugung fehle, weil sie eine Frau sei
- Von Zweifeln geplagt ringt sie sich dazu durch, Thoas die Wahrheit über die Identität der Gefangenen und den Fluchtplan zu offenbaren; sie appelliert an seine Menschlichkeit: *„Verdirb uns, wenn du darfst"*
- Orest erfährt, dass Iphigenie den Fluchtplan verraten hat
- Pylades und Arkas kommen und berichten, dass die Taurer das Schiff der Griechen entdeckt hätten; dessen Zerstörung stehe unmittelbar bevor
- Thoas befiehlt, die Waffen während des Disputes ruhen zu lassen
- Er verlangt Beweise, dass Orest der Sohn Agamemnons ist

- Orest bietet an, den Beweis durch Gebrauch des Schwertes Agamemnons im Zweikampf gegen *„den Besten"* der Taurer zu führen
- Iphigenie identifiziert den Bruder anhand körperlicher Merkmale und verhindert so, dass Thoas zum Duell gegen Orest antritt
- Thoas bezeichnet den geplanten Raub der Statue Dianas als feindliche Handlung, die einem Frieden entgegenstehe
- Orest erkennt den Irrtum bezüglich der *„Schwester"*, zu deren Heimholung die beiden Griechen auf die Insel gekommen sind: Nicht das Bild Dianas, der Schwester Apolls, sei gemeint gewesen, sondern Iphigenie, Orests Schwester
- Thoas entlässt die Griechen in Freundschaft: *„Lebt wohl!"*

Erstellen Sie einen Textbaustein zum Inhalt des 5. Aufzugs:

....

....

....

....

....

....

....

....

....

....

....

....

....

....

....

....

....

2.7 Literaturgeschichtliche Einordnung

- Das Drama ist hinsichtlich Form und Inhalt der Epoche der *Weimarer Klassik* zuzuordnen
- Die Dramenform orientiert sich am *aristotelischen Modell* der Einheit von Ort, Zeit und Handlung:
  - Einziger Schauplatz ist der Hain vor dem Tempel Dianas
  - Zeitangaben fehlen im Stück; die einzelnen Handlungsschritte folgen aber unmittelbar aufeinander, sodass das Postulat der Beschränkung der Dramendauer auf *„einen Sonnenumlauf"*, also etwa einen Tag, gewahrt ist
- Die Handlung weist einen einzigen Handlungsstrang auf, Nebenhandlungen gibt es nicht
- Die *Ständeklausel* gilt, d.h. alle Personen gehören dem adeligen Stand an
- Auch thematisch ist Iphigenie ein Werk der *Weimarer Klassik*:
  - Iphigenie strebt nach Harmonie zwischen Pflicht und Neigung
  - Daraus ergibt sich für sie ein Konflikt zwischen Sittlichkeit und Pragmatik
  - Die Lösung des Konflikts erfolgt im Sinne von Wahrhaftigkeit und Humanität
  - Iphigenie handelt damit sittlich autonom als *„idealer Mensch"*, der dem Menschenbild der Klassik entspricht

Erstellen Sie einen Textbaustein zur literaturgeschichtlichen Einordnung des Werkes:

....

....

....

....

....

....

....

....

....

....

....

....

2.8 *Der Aufbau des Dramas*

- Die fünf Aufzüge des Schauspiels bauen einen Spannungsbogen auf, wie ihn Gustav Freytag in seiner Abhandlung Die *Technik des Dramas* als typisch für klassische Dramen beschreibt
- Abweichend von diesem Modell wird der Dramenkonflikt nicht tragisch, sondern im Sinne der Humanität aufgelöst
- *Iphigenie* ist daher nicht als *Tragödie* konzipiert, sondern als *Schauspiel* mit harmonischem Ende

Aufbau der Iphigenie:

- 1. Aufzug (Exposition)
  - Darstellung von Iphigenies Situation, der mythologischen Vorgeschichte und des Wirkens Iphigenies auf Tauris
  - Iphigenie leidet an ihrer Rolle als Frau, die ihr die Möglichkeit, Ehre und Ansehen zu erwerben, vorenthalte
  - Sie steht im Konflikt zwischen der Sehnsucht nach ihrer griechischen Heimat und ihrer Verpflichtung den Taurern gegenüber

- 2. Aufzug (Steigerung)
  - Die Tragweite der Schuldverstrickung Iphigenies als Angehörige des Tantalidengeschlechtes wird deutlich
  - Das Eintreffen Orests und Pylades' deutet die Entstehung eines Gewissenskonflikts an: Flucht und Lüge oder Wahrhaftigkeit?

- 3. Aufzug (Höhepunkt)
  - Orest verfällt in Wahn
  - Der Konflikt konkretisiert sich: Flucht und Rettung nach Pylades' Plan versus 'Wahrhaftigkeit', Humanität bei Risiko des Bruderopfers

- 4. Aufzug (Umkehr)
    - Reflexionen über die Folgen der Flucht
    - Zuspitzung des Konfliktes
    - Allmähliche Hinwendung Iphigenies zur *„unerhörten Tat“* (V1892)

- 5. Aufzug (Lösung)
    - Humane Auflösung des Konfliktes
    - Herstellung der Einheit von sittlichen und pragmatischen Zielen

Erstellen Sie einen Textbaustein zum Aufbau des Dramas:

2.9 Der mythologische Hintergrund

- Iphigenie gehört wie ihr Bruder Orest dem Geschlecht der Tantaliden an, dessen Stammvater Tantalus ist
- Auf dem Geschlecht lastet ein Fluch, seit Tantalus die Götter erzürnt hat
- Es gibt zwei Fassungen der Tantalussage:
    - In der einen heißt es, Tantalus habe für die Menschen die Speisen der Götter gestohlen und diese so gegen sich aufgebracht
    - Eine zweite Version besagt, Tantalus habe den Göttern, um ihre Allwissenheit zu testen, seinen Sohn Pelops als Speise serviert
- Zur Strafe für den Frevel ist Tantalus dazu verdammt, im Kerker der Unterwelt Qualen zu erleiden, die sogenannten *Tantalusqualen*:
    - Speisen und Getränke weichen vor ihm zurück, wenn er essen und trinken möchte
    - Ein Fels droht ihn zu erschlagen
- Außerdem haben die Götter über die Nachkommen des Tantalus den Fluch verhängt, dass diese durch Mord an ihren Verwandten Schuld auf sich laden müssen
    - So opfert z.B. Agamemnon seine Tochter Iphigenie der Göttin Diana; diese bringt Iphigenie statt sie zu töten nach Tauris, wo sie ihr als Priesterin dienen muss
    - Iphigenies Mutter Klytämnestra und ihre Geschwister nehmen an, dass Iphigenie tot sei und üben Vergeltung an Agamemnon: Klytämnestra und ihr Geliebter Ägisth ermorden ihn
    - Orest rächt den Vatermord mit der Hilfe seines Freundes Pylades und ermordet die Mutter und Ägisth
- Orest wird deshalb von Erinnyen (Rachegöttinnen, Furien) verfolgt, die ihn wieder und wieder mit seiner Tat konfrontieren und so an den Rand des Wahnsinns treiben
- Nach einer Weissagung des Orakels von Delphi, das dem Gott Apoll gewidmet ist, kann Orest sich von Fluch und Verfolgung befreien, indem er *„die Schwester"* heim holt
- In der Annahme, damit sei die Statue der Diana, der Schwester Apolls, im Hain auf Tauris gemeint, begibt sich Orest in Begleitung seines Freundes Pylades dorthin

Erstellen Sie einen Textbaustein zum mythologischen Hintergrund des Dramas:

....

....

....

....

....

....

2.10 Charakterisierung Iphigenie

- Iphigenie ist die zentrale Figur im Schauspiel, hat die größten Sprechanteile
- Sie wird im Schauspiel, wie die anderen Figuren auch, nicht als Mensch *„aus Fleisch und Blut“*, sondern modellhaft als Protagonistin der Ideen des Humanismus dargestellt
- Iphigenie stammt aus dem Geschlecht der Tantaliden und wurde von Diana nach Tauris gebracht
- Ihr Vater Agamemnon hat sie der Göttin Diana geopfert als Gegenleistung für eine Aufhebung der Windstille, die im Trojanischen Krieg die griechische Flotte am Auslaufen hinderte
- Diana hat Iphigenie nicht getötet, sondern als Priesterin nach Tauris gebracht
- Dort hat sie mit der Abschaffung des Rituals der Menschenopfer Positives bewirkt, ist aber persönlich unglücklich:
  - Ihre Zukunft ist ungewiss
  - Sie fühlt Heimweh nach Griechenland
  - Sie beklagt die Rolle der Frauen, die gegenüber dem Mann im Staat zurückstehen müssen, v.a. weil sie nicht die Möglichkeit haben, sich im Krieg auszuzeichnen
- Iphigenie entspricht als *„schöne Seele“* (Arkas, V1493) dem Menschenideal der Weimarer Klassik:
  - Sie übernimmt Verantwortung

  - Sie handelt wahrhaftig
  - Sie entscheidet sich letztlich nach gründlicher Abwägung nicht für pragmatisches Handeln (Flucht), sondern für die Sittlichkeit
- Ihr humanes Handeln nützt am Ende allen Beteiligten: Die Griechen werden gerettet, Orest von seiner Schuld befreit, die Taurer fallen nicht in die Barbarei zurück

Erstellen Sie einen Textbaustein zur Charakterisierung Iphigenies:

2.11 *Charakterisierung Thoas*

- Thoas ist König der Taurer und Widerpart Iphigenies im Schauspiel
- Er hat mit dem Verlust seines Sohnes im Krieg einen Schicksalsschlag erlitten
- Thoas lebt einerseits in der „barbarischen“ Tradition des Volkes der Taurer
- Andererseits zeigt er sich offen für die Werte des Humanismus
- Im Schauspiel bewegt er sich zwischen den Extremen Humanität und Pragmatik bis hin zur Grausamkeit
- Thoas wirbt um Iphigenie, unterbreitet ihr einen Antrag
- Für den Fall einer Abweisung seines Antrages droht er mit der Wiederaufnahme des Brauchs, Fremde der Diana zu opfern
- Am Ende lässt er sich von Iphigenie zur Menschlichkeit bekehren

Erstellen Sie einen Textbaustein zur Charakterisierung Thoas':

2.12 *Charakterisierung Orest*

- Orest ist der Bruder Iphigenies und Freund des Pylades
- Er hat durch Muttermord Schuld auf sich geladen und wird nun von Erinnyen (Rachegöttinnen) verfolgt
- Einem Spruch des Orakels zufolge kann er sich „durch Heimholung der Schwester" von dem Fluch befreien, der auf seiner Familie liegt
- Da er seine Schwester Iphigenie für tot hält, deutet er den Auftrag falsch, bezieht ihn auf Diana, die Schwester Apolls, deren Statue im Tempel auf Tauris steht
- Er hat Visionen, versinkt in Wahnvorstellungen, in denen er die vom Tantalidenfluch Betroffenen sieht
- Durch Iphigenie wird Orest schließlich von seiner Verstrickung in Schuld befreit

Erstellen Sie einen Textbaustein zur Charakterisierung Orests:

2.13 Charakterisierung Arkas und Pylades

- Arkas und Pylades sind Helfer und Interessenvertreter des Thoas und Orest
- Sie handeln in deren Interesse, ohne eigenen sittlichen Standpunkt

- *Arkas*
  - ist Ratgeber und Bote des Taurerkönigs, diesem treu ergeben
  - setzt sich für die Verbindung Iphigenie-Thoas ein, lobt den Einsatz Iphigenies in Sachen Humanität
  - relativiert seine Haltung gegenüber Iphigenie, als Thoas den Befehl zur Wiederaufnahme der Menschenopfer gibt
  - hegt als erster den Verdacht, dass Iphigenie mit den Gefangenen die Flucht plant und informiert Thoas darüber

- *Pylades*
  - ist Gehilfe Orests bei dessen Mission, *„die Schwester"* heimzuholen
  - ist anders als sein Gefährte optimistisch und voller Energie
  - ist taktisch geschickt, denkt pragmatisch und ersinnt den Fluchtplan
  - wird von Iphigenie zunächst wegen seiner Listigkeit gepriesen; entwickelt sich, als diese sich zur Wahrhaftigkeit entschließt, zu ihrem Gegenspieler

Erstellen Sie einen Textbaustein zur Charakterisierung von Arkas und Pylades:

....

....

....

....

....

....

....

....

....

....

....

....

....

....

....

....

....

2.14 Das Geschlechterverhältnis im Schauspiel

- Iphigenie, die einzige Frau und Protagonistin des Schauspiels, vertritt wesentliche Ideen der Aufklärung; bringt diese ihrem männlichen Umfeld im Laufe der Handlung nahe
- Pylades, Orest, Thoas und Arkas versuchen ihre Ziele meist durch Täuschung und Gewalt durchsetzen; verfolgen typisch „männliche" Lösungsstrategien, wie sie dem Rollenbild der Goethezeit entsprachen
- Zunächst erscheint Iphigenie Pylades' List zur Befreiung der Griechen verlockend (vgl. IV,1), doch die damit verbundene Lüge widersteht ihr

- Im Gespräch mit Thoas analysiert Iphigenie die „männliche" Definition einer heroischen *„unerhörten Tat"* und stellt sie in Frage (vgl. V,3: V1892-1908)
- Wenn Frauen auf dieselbe Art wie Männer Ruhm erwerben wollten, müssten sie sich wie kriegerische Amazonen verhalten; dies laufe dem weiblichen Wesen jedoch zuwider (vgl. V1908-1912)
- Iphigenie setzt *ihr* Verständnis von einer *„unerhörten"* weiblichen Tat in die Praxis um: Sie entschließt sich zu vorbehaltloser Wahrhaftigkeit Thoas gegenüber
- Sie macht dem König der Taurer humane Werte zugänglich und entwickelt sich selbst in Richtung Freiheit und Selbstbestimmung weiter
- Dadurch emanzipiert sie sich vom zu Goethes Zeit gültigen Rollenbild der Frau; hatte sie dessen Einschränkungen bereits im Eingangsmonolog beklagt; stellt sie sich durch ihr Handeln nun auf eine Ebene mit dem Mann
- Die Rechtmäßigkeit dieses Anspruchs begründet sie Thoas gegenüber mit den natürlichen Rechten der Gleichheit und Freiheit: *„Ich bin so frei geboren als ein Mann"* (V 1858)
- Iphigenie macht ihren männlichen Gegenspielern durch ihr Handeln deutlich, dass der Kreislauf von Gewalt und Gegengewalt durchbrochen werden muss:
  - Sie widersetzt sich der von Thoas geforderten Opferung der Griechen (vgl. V1856f)
  - Sie verhindert Pylades' Fluchtplan sowie den Raub des Götterbildes
  - Sie wendet kurz vor der Konfliktlösung einen drohenden Zweikampf zwischen Orest und Thoas ab (vgl. V,6)
- Sie lebt den männlichen Figuren damit zentrale Werte der Aufklärung des 18. Jahrhunderts vor und fordert sie indirekt auf, ihrem Beispiel zu folgen
- Ihr positives Vorbild hat Erfolg: Thoas reagiert versöhnlich und lässt die Griechen mit einem freundschaftlichen Gruß ziehen

Erstellen Sie einen Textbaustein zu Iphigenies Eingangsmonolog:

....

....

....

....

....

....

....

....

2.15 *Sprachliche Struktur und Versmaß*

- Alle Personen sind von hohem Stand, sprechen Hochsprache:
  - Sie verwenden komplexe Satzkonstruktionen mit Einschüben, Nebensätzen (hypotaktischer Satzbau)
  - Das Vokabular ist gehoben mit Häufung abstrakter Nomen, ohne alltagssprachliche Begriffe
  - Die Sprechweise ist reflektiert, intellektuell stets kontrolliert
  - Das gleichbleibend hohe Sprachniveau unterstreicht, dass die Protagonisten nicht als Personen, sondern als Träger von Ideen konzipiert sind
- Das Metrum im Schauspiel ist der *Blankvers*
  - Ein fünfhebiger, reimloser Jambus, der mit einer unbetonten Silbe beginnt
  - Endet er auf einer betonten Silbe (männlich), besteht er aus zehn, endet er auf einer unbetonten Silbe (weiblich), besteht er aus elf Silben
  - Der Wechsel betont-unbetont erfordert an manchen Stellen die Auslassung (Elision) unbetonter Vokale
- Mitunter weicht der Vers aus inhaltlichen Gründen vom Muster unbetont-betont ab; z.B. unterstreicht in Vers 1889 eine Abweichung (zwei Senkungen nacheinander) die Unsicherheit Iphigenies, als sie von Thoas nach der Herkunft der Fremden gefragt wird
- Einige Stellen werden dadurch hervorgehoben, dass der Blankvers durch andere metrische Strukturen ersetzt wird

Erstellen Sie einen Textbaustein zur sprachlichen Struktur des Schauspiels:

....

....

....

....

....

....

....

....

....

....

....

....

....

....

....

....

....

2.16 Erschließung von Schlüsselstellen 1: Aufzug I, 1.Auftritt

Iphigenie, Eingangsmonolog

Erschließen Sie Szene I,1. Beginnen Sie mit einem knappen Überblick über Inhalt und Funktion des Monologes. Erschließen und interpretieren Sie anschließend die Rede Iphigenies unter Berücksichtigung ihrer sprachlichen Gestaltung.

Iphigenie: Heraus in eure Schatten, rege Wipfel
Des alten, heil'gen, dichtbelaubten Haines,
Wie in der Göttin stilles Heiligtum,
Tret ich noch jetzt mit schauderndem Gefühl,

Als wenn ich sie zum ersten Mal beträte,
Und es gewöhnt sich nicht mein Geist hierher.
So manches Jahr bewahrt mich hier verborgen
Ein hoher Wille, dem ich mich ergebe;
Doch immer bin ich, wie im ersten, fremd.
Denn ach mich trennt das Meer von den Geliebten,
Und an dem Ufer steh ich lange Tage,
Das Land der Griechen mit der Seele suchend;
Und gegen meine Seufzer bringt die Welle
Nur dumpfe Töne brausend mir herüber.
Weh dem, der fern von Eltern und Geschwistern
Ein einsam Leben führt! Ihm zehrt der Gram
Das nächste Glück vor seinen Lippen weg,
Ihm schwärmen abwärts immer die Gedanken
Nach seines Vaters Hallen, wo die Sonne
Zuerst den Himmel vor ihm aufschloss, wo
Sich Mitgeborne spielend fest und fester
Mit sanften Banden aneinanderknüpften.
Ich rechte mit den Göttern nicht; allein
Der Frauen Zustand ist beklagenswert.
Zu Haus und in dem Kriege herrscht der Mann,
Und in der Fremde weiß er sich zu helfen.
Ihn freuet der Besitz; ihn krönt der Sieg!
Ein ehrenvoller Tod ist ihm bereitet.
Wie eng-gebunden ist des Weibes Glück!
Schon einem rauen Gatten zu gehorchen
Ist Pflicht und Trost; wie elend, wenn sie gar
Ein feindlich Schicksal in die Ferne treibt!
So hält mich Thoas hier, ein edler Mann,
In ernsten, heil'gen Sklavenbanden fest.
O wie beschämt gesteh ich, dass ich dir
Mit stillem Widerwillen diene, Göttin,
Dir, meiner Retterin! Mein Leben sollte
Zu freiem Dienste dir gewidmet sein.
Auch hab ich stets auf dich gehofft und hoffe
Noch jetzt auf dich, Diana, die du mich,
Des größten Königes verstoßne Tochter,
In deinen heil'gen, sanften Arm genommen.
Ja, Tochter Zeus', wenn du den hohen Mann,
Den du, die Tochter fordernd, ängstigtest,
Wenn du den göttergleichen Agamemnon,
Der dir sein Liebstes zum Altare brachte,
Von Trojas umgewandten Mauern rühmlich
Nach seinem Vaterland zurückbegleitet,
Die Gattin ihm, Elektren und den Sohn,
Die schönen Schätze, wohl erhalten hast:
So gib auch mich den Meinen endlich wieder,
Und rette mich, die du vom Tod errettet,
Auch von dem Leben hier, dem zweiten Tode!

- Überblick
  - Im ersten Aufzug werden die beiden zentralen Figuren, der Schauplatz der Handlung und die Konflikte vorgestellt, um die es im Schauspiel geht
  - Die vorliegende Szene, der erste Auftritt, ist Bestandteil dieser sogenannten „Exposition"
  - Im Eingangsmonolog gibt Iphigenie Einblick in ihre Gefühlslage, die geprägt ist durch den Konflikt zwischen ihren Wünschen (v. a. der Rückkehr in ihre Heimat) und ihren Pflichten (Fortsetzung ihres humanen Wirkens auf Tauris, Dienst als Priesterin)
- Inhalt des Monologes
  - Iphigenie ist verzweifelt (V1-6)
  - Sie wird von Heimweh nach Griechenland gequält (V7-22)
  - Sie beklagt die Lage der Frauen, die dem Mann untergeordnet seien, sich nicht wie dieser im Kampf auszeichnen könnten. Ihre, Iphigenies, eigene Lage fern der Heimat steigert noch ihre Verzweiflung, zugleich sieht sie sich dem *„edlen Mann"* Thoas gegenüber verpflichtet (V23-34)
  - Im letzten Teil wendet sich Iphigenie an Diana: Für ihre Rettung schulde sie der Göttin Dank; zugleich verrichte sie ihren Tempeldienst mit Widerwillen und sehne sich nach der Heimat (V35-53)
- Interpretation
  - Iphigenies Verzweiflung beruht auf dem Widerstreit zwischen ihren persönlichen Wünschen einerseits und ihren Pflichten andererseits
  - Sie spricht damit bereits hier den Grundkonflikt des Schauspiels an
  - Iphigenies persönliche Interessen relativieren sich an ihren Pflichten Diana und Thoas gegenüber
  - Sie ist Vertreterin eines klassischen Menschenbildes, das den Menschen als rational handelndes und sittlichen Normen verpflichtetes Wesen sieht
  - Iphigenie deutet in ihrer Klage über die Lage der Frauen bereits an, dass sie bezüglich des Erwerbs gesellschaftlichen Ansehens eine Gleichstellung mit dem Mann anstrebt; einlösen wird sie den Anspruch schließlich, indem sie sich zur *„unerhörten Tat"* (V1892) durchringt
- Sprachliche Gestaltung
  - Die Rede ist im Blankvers (vgl. oben 2.15) gehalten
  - Dieses Metrum ist wegen der Anpassung an den natürlichen Sprachfluss adäquater Ausdruck von Emotionen, eignet sich aber auch für die Wiedergabe anderer sprachlicher Inhalte
  - An einigen Stellen (z. B. V35, 37) finden wir Abweichungen vom feierlichen Duktus des Blankverses; sie unterstreichen die innere Zerrissenheit der Protagonistin
  - Die Gemütslage Iphigenies wird in der 1.Person geschildert (Pronomina *„ich"*, *„mein"*, *„mich"* v.a. zu Beginn des Monologs V4 bis 14); der Wechsel in die 3. Person (v.a. V15ff.) unterstreicht die reflektierte, um Objektivierung bemühte Beurteilung

- Die Reflexionen Iphigenies werden in Sätzen mit komplexer, hypotaktischer Struktur ausgedrückt
- Ausdrucksstarke Bilder verdeutlichen ihre Gefühle (z.B. V11 f., 52 f.)

Erstellen Sie einen Textbaustein zu Iphigenies Eingangsmonolog:

2.17 *Erschließung von Schlüsselstellen 2: Aufzug III, 3. Auftritt*

Orest, Iphigenie, Pylades

Erschließen und interpretieren Sie den Auftritt; gehen Sie auch auf seine Funktion im Kontext des 3. Aufzugs ein

Dritter Auftritt
Orest. Iphigenie. Pylades.

Orest: Seid ihr auch schon herabgekommen?
Wohl, Schwester, dir! Noch fehlt Elektra:
Ein güt'ger Gott send uns die eine
Mit sanften Pfeilen auch schnell herab.
Dich, armer Freund, muss ich bedauern!
Komm mit! komm mit! zu Plutos Thron,
Als neue Gäste den Wirt zu grüßen.
Iphigenie: Geschwister, die ihr an dem weiten Himmel
Das schöne Licht bei Tag und Nacht herauf
Den Menschen bringet und den Abgeschiednen
Nicht leuchten dürfet, rettet uns Geschwister!
Du liebst Diane, deinen holden Bruder
Vor allem, was dir Erd und Himmel bietet
Und wendest dein jungfräulich Angesicht
Nach seinem ew'gen Lichte sehnend still.
O lass den einz'gen, spätgefundnen mir
Nicht in der Finsternis des Wahnsinns rasen!
Und ist dein Wille, da du hier mich bargst,
Nunmehr vollendet, willst du mir durch ihn
Und ihm durch mich die sel'ge Hülfe geben,
So lös ihn von den Banden jenes Fluchs,
Dass nicht die teure Zeit der Rettung schwinde!
Pylades: Erkennst du uns und diesen heil'gen Hain
Und dieses Licht, das nicht den Toten leuchtet?
Fühlst du den Arm des Freundes und der Schwester,
Die dich noch fest, noch lebend halten? Fass
Uns kräftig an; wir sind nicht leere Schatten.
Merk auf mein Wort! Vernimm es! Raffe dich
Zusammen! Jeder Augenblick ist teuer,
Und unsre Rückkehr hängt an zarten Fäden,
Die, scheint es, eine günst'ge Parze spinnt.
Orest *(zu Iphigenien)*: Lass mich zum ersten Mal mit freiem Herzen
In deinen Armen reine Freude haben!
Ihr Götter, die mit flammender Gewalt
Ihr schwere Wolken aufzuzehren wandelt
Und gnädig-ernst den lang erflehten Regen
Mit Donnerstimmen und mit Windesbrausen
In wilden Strömen auf die Erde schüttet,
Doch bald der Menschen grausendes Erwarten

In Segen auflöst und das bange Staunen
In Freudeblick und lauten Dank verwandelt,
Wenn in den Tropfen frisch erquickter Blätter
Die neue Sonne tausendfach sich spiegelt
Und Iris freundlich bunt mit leichter Hand
Den grauen Flor der letzten Wolken trennt:
O lasst mich auch in meiner Schwester Armen,
An meines Freundes Brust, was ihr mir gönnt,
Mit vollem Dank genießen und behalten!
Es löset sich der Fluch, mir sagt's das Herz.
Die Eumeniden ziehn, ich höre sie,
Zum Tartarus und schlagen hinter sich
Die eh'rnen Tore fernabdonnernd zu.
Die Erde dampft erquickenden Geruch
Und ladet mich auf ihren Flächen ein,
Nach Lebensfreud und großer Tat zu jagen.
Pylades: Versäumt die Zeit nicht, die gemessen ist!
Der Wind, der unsre Segel schwellt, er bringe
Erst unsre volle Freude zum Olymp.
Kommt! Es bedarf hier schnellen Rat und Schluss.

- Überblick
  - Im dritten Aufzug verschärft sich Iphigenies Konflikt durch die Erkenntnis, dass der zum Opfertod bestimmte Fremde ihr Bruder Orest ist
  - Weitere Steigerung der Dramatik dadurch, dass der verzweifelte Orest unter der Last seines Schicksals in den Wahnsinn flüchtet
  - Mit der Genesung Orests bringt der dritte Auftritt die Wendung zum Positiven

- Inhalt der Szene
  - Orest ist in seinem Wahn gefangen: Er sieht sich in der Unterwelt, wo er nun Iphigenie und Pylades begrüßt (V1310-1316)
  - Iphigenie versucht Orest zu helfen, indem sie die Göttin Diana um Rettung des Bruders bittet (V1317-1331)
  - Pylades verfolgt eine pragmatische Strategie, um Orest vom Wahn zu befreien: Er verweist auf die wahrnehmbare Wirklichkeit und auf die Chance zur Flucht (V1332-1340)
  - Orest wendet sich wieder der Realität zu und schöpft Hoffnung, sich vom Familienfluch und von der Verfolgung durch die Erinnyen zu befreien (V1341-1364)
  - Pylades erinnert an die geplante Flucht und drängt zum Handeln (V1365-1368)

- Interpretation
  - Orests Wahn zeigt erneut die Macht des Tantalidenfluchs, unter dem er und seine Schwester leiden
  - Im Umgang mit Orests Wahn verfolgen Iphigenie und Pylades zwei Strategien, die für ihren Charakter typisch sind: Während Iphigenie auf die göttliche Ordnung vertraut,

geht Pylades rein pragmatisch vor und appelliert an Orests Vernunft

- Das familiäre Schicksal droht sich in der Opferung des Bruders durch die Schwester erneut zu realisieren
- Der Druck auf Iphigenie, Orest bei der Befreiung von seinem Fluch durch Hilfe bei der Flucht zu unterstützen, wird stärker
- Zudem wendet sich die Handlung mit Orests spontaner Heilung zunächst wieder ins Positive; Rettung durch Flucht scheint wieder möglich
- Am Ende des dritten Aufzugs scheint alles auf eine pragmatische Lösung unter Hintanstellen der sittlichen Werte hinauszulaufen

Erstellen Sie einen Textbaustein zur Erschließung des 3.Auftritts im 3. Aufzug:

2.18 Erschließung von Schlüsselstellen 3: Aufzug IV, 1.Auftritt

Monolog Iphigenie

Erschließen Sie Iphigenies Monolog in IV,1 nach Inhalt, sprachlicher Form und Funktion.

Vierter Aufzug
Erster Auftritt

Iphigenie: Denken die Himmlischen
Einem der Erdgebornen
Viele Verwirrungen zu
Und bereiten sie ihm
Von der Freude zu Schmerzen
Und von Schmerzen zur Freude
Tief erschütternden Übergang:
Dann erziehen sie ihm
In der Nähe der Stadt
Oder am fernen Gestade,
Dass in Stunden der Not
Auch die Hülfe bereit sei,
Einen ruhigen Freund.
O segnet, Götter, unsern Pylades
Und was er immer unternehmen mag!
Er ist der Arm des Jünglings in der Schlacht,
Des Greises leuchtend Aug in der Versammlung:
Denn seine Seel ist stille; sie bewahrt
Der Ruhe heil'ges, unerschöpftes Gut,
Und den Umhergetriebnen reichet er
Aus ihren Tiefen Rat und Hülfe. Mich
Riss er vom Bruder los; den staunt ich an
Und immer wieder an und konnte mir
Das Glück nicht eigen machen, ließ ihn nicht
Aus meinen Armen los und fühlte nicht
Die Nähe der Gefahr, die uns umgibt.
Jetzt gehn sie, ihren Anschlag auszuführen,
Der See zu, wo das Schiff mit den Gefährten,
In einer Bucht versteckt, aufs Zeichen lauert,
Und haben kluges Wort mir in den Mund
Gegeben, mich gelehrt, was ich dem König
Antworte, wenn er sendet und das Opfer
Mir dringender gebietet. Ach! ich sehe wohl,
Ich muss mich leiten lassen wie ein Kind.
Ich habe nicht gelernt zu hinterhalten
Noch jemand etwas abzulisten. Weh!
O weh der Lüge! Sie befreiet nicht
Wie jedes andre, wahrgesprochne Wort
Die Brust; sie macht uns nicht getrost, sie ängstet
Den, der sie heimlich schmiedet, und sie kehrt,
Ein losgedruckter Pfeil, von einem Gotte

Gewendet und versagend, sich zurück
Und trifft den Schützen. Sorg auf Sorge schwankt
Mir durch die Brust. Es greift die Furie
Vielleicht den Bruder auf dem Boden wieder
Des ungeweihten Ufers grimmig an.
Entdeckt man sie vielleicht? Mich dünkt, ich höre
Gewaffnete sich nahen! – Hier! – Der Bote
Kommt von dem Könige mit schnellem Schritt.
Es schlägt mein Herz, es trübt sich meine Seele,
Da ich des Mannes Angesicht erblicke,
Dem ich mit falschem Wort begegnen soll.

- Überblick
  - In dieser Szene konkretisieren sich Iphigenies Zweifel am Fluchtplan des Pylades; die Aussicht, Thoas wegen der Flucht hintergehen zu müssen, widerstrebt ihr
  - Sie erkennt nach anfänglicher Bewunderung des Pylades für seinen Fluchtplan, dass List und Lüge nicht ihrem Wesen entsprechen; die Wendung ihres Handelns hin zur Wahrhaftigkeit deutet sich an
- Inhalt des Monologes
  - Sinnabschnitt 1 (V1369-1381): Lob der Götter, die in der Not helfen
  - Sinnabschnitt 2 (V1382-1404): Verehrung des Pylades für Tatkraft und Klugheit; Erwägung seines Fluchtplanes, aber auch Unbehagen bezüglich Hinterhalt und List
  - Sinnabschnitt 3 (V1405-1420): Schuldgefühle, Zweifel an der List, Sorge um den Bruder, Angst vor der Rache der Götter
- Interpretation
  - In ihrem Monolog spricht Iphigenie von ihrem Gewissenskonflikt; sie bekennt sich aber hier noch nicht frei und mutig zu den Idealen ‚Aufrichtigkeit', ‚Humanität', ‚Autonomie'
  - Die Hinwendung zu einem an klassischen Werten orientierten Handeln deutet sich gleichwohl als innere Notwendigkeit an, als ihrem Wesen entsprechend
  - Egoistisches Handeln lehnt sie ab: *„Sie (die Lüge)...befreiet nicht, ..., sie ängstiget Den der sie heimlich schmiedet..."*(V1407/1408)
  - Funktion des Monologes: Vorbereitung ihres sittlich autonomen und wahrhaftigen Handelns (der *„unerhörten Tat"*, V1892) im Gegensatz zum Plan des Pylades, dem sie zunächst aus pragmatischen Gründen zugestimmt hatte

- Sprachliche Form
  - Iphigenie spricht hier nicht im Blankvers, sondern freirhythmisch
  - Das Fehlen eines gleich bleibenden Metrums unterstreicht die Unentschlossenheit Iphigenies
  - Während sie sich in Abschnitt 1 in einfachen, zurückgenommenen Versen des Beistands der Götter versichert, wechselt ihre Rede beim folgenden Lob des Pylades

in einen Gebetston und wird expressiver

- Die Verneinungen in V1403, V1405, V1407 weisen auf Iphigenies Verunsicherung hin
- Die Personifikation der Lüge in V1405-1408 zeigt, wie sehr Iphigenie in ihrem Selbstbild durch Pylades' List verunsichert wird
- In kurzen, klagenden Ausrufen wie *„Ach!", „Weh!"* drückt sich das Leiden an ihrem Gewissenskonflikt aus

Erstellen Sie einen Textbaustein zur Erschließung des 1.Auftritts im 4. Aufzug:

2.19 Erschließung von Schlüsselstellen 4: Aufzug V, 3.Auftritt

Dialog Iphigenie, Thoas

Erschließen Sie den Auszug V 1855-1942 aus dem Dialog Iphigenie-Thoas hinsichtlich Inhalt und sprachlicher Gestaltung.

Thoas: Gehorche deinem Dienste, nicht dem Herrn
Iphigenie: Lass ab! Beschönige nicht die Gewalt,
Die sich der Schwachheit eines Weibes freut.
Ich bin so frei geboren als ein Mann.
Stünd Agamemnons Sohn dir gegenüber
Und du verlangtest, was sich nicht gebührt,
So hat auch er ein Schwert und einen Arm,
Die Rechte seines Busens zu verteid‘gen.
Ich habe nichts als Worte, und es ziemt
Dem edlen Mann, der Frauen Wort zu achten.
Thoas: Ich acht es mehr als eines Bruders Schwert.
Iphigenie: Das Los der Waffen wechselt hin und her:
Kein kluger Streiter hält den Feind gering.
Auch ohne Hülfe gegen Trutz und Härte
Hat die Natur den Schwachen nicht gelassen.
Sie gab zur List ihm Freude, lehrt‘ ihn Künste:
Bald weicht er aus, verspätet und umgeht.
Ja, der Gewaltige verdient, dass man sie übt.
Thoas: Die Vorsicht stellt der List sich klug entgegen.
Iphigenie: Und eine reine Seele braucht sie nicht.
Thoas: Sprich unbehutsam nicht dein eigen Urteil!
Iphigenie: O sähest du, wie meine Seele kämpft,
Ein bös Geschick, das sie ergreifen will,
Im ersten Anfall mutig abzutreiben!
So steh ich denn hier wehrlos gegen dich?
Die schöne Bitte, den anmut‘gen Zweig,
In einer Frauen Hand gewaltiger
Als Schwert und Waffe, stößest du zurück:
Was bleibt mir nun, mein Innres zu verteid‘gen?
Ruf ich die Göttin um ein Wunder an?
Ist keine Kraft in meiner Seele Tiefen?
Thoas: Es scheint, der beiden Fremden Schicksal macht
Unmäßig dich besorgt. Wer sind sie, sprich,
Für die dein Geist gewaltig sich erhebt?
Iphigenie: Sie sind – sie scheinen – für Griechen halt ich sie.
Thoas: Landsleute sind es? und sie haben wohl
Der Rückkehr schönes Bild in dir erneut
Iphigenie *nach einigem Stillschweigen:*
Hat denn zur unerhörten Tat der Mann
Allein das Recht? Drückt denn Unmögliches
Nur er an die gewalt‘ge Heldenbrust
Was nennt man groß? Was hebt die Seele schaudernd
Dem immer wiederholenden Erzähler,

Als was mit unwahrscheinlichem Erfolg
Der Mutigste begann? Der in der Nacht
Allein das Heer des Feindes überschleicht,
Wie unversehen eine Flamme wütend
Die Schlafenden, Erwachenden ergreift,
Zuletzt, gedrängt von den Ermunterten,
Auf Feindes Pferden doch mit Beute kehrt,
Wird der allein gepriesen? der allein,
Der, einen sichern Weg verachtend, kühn
Gebirg und Wälder durchzustreifen geht,
Dass er von Räubern eine Gegend säubre?
Ist uns nichts übrig? Muss ein zartes Weib
Sich ihres angebornen Rechts entäußern,
Wild gegen Wilde sein, wie Amazonen
Das Recht des Schwerts euch rauben und mit Blute
Die Unterdrückung rächen? Auf und ab
Steigt in der Brust ein kühnes Unternehmen:
Ich werde großem Vorwurf nicht entgehn
Noch schwerem Übel, wenn es mir misslingt;
Allein euch leg ich's auf die Kniee! Wenn
Ihr wahrhaft seid, wie ihr gepriesen werdet,
So zeigt's durch euern Beistand und verherrlicht
Durch mich die Wahrheit! – Ja, vernimm, o König,
Es wird ein heimlicher Betrug geschmiedet:
Vergebens fragst du den Gefangnen nach;
Sie sind hinweg und suchen ihre Freunde,
Die mit dem Schiff am Ufer warten, auf.
Der ältste, den das Übel hier ergriffen
Und nun verlassen hat – es ist Orest,
Mein Bruder, und der andre sein Vertrauter,
Sein Jugendfreund, mit Namen Pylades.
Apoll schickt sie von Delphi diesem Ufer
Mit göttlichen Befehlen zu, das Bild
Dianens wegzurauben und zu ihm
Die Schwester hinzubringen, und dafür
Verspricht er dem von Furien Verfolgten,
Des Mutterblutes Schuldigen, Befreiung.
Uns beide hab ich nun, die Überbliebnen
Von Tantals Haus, in deine Hand gelegt:
Verdirb uns – wenn du darfst.
Thoas: Du glaubst, es höre
Der rohe Skythe, der Barbar, die Stimme
Der Wahrheit und der Menschlichkeit, die Atreus,
Der Grieche, nicht vernahm?
Iphigenie: Es hört sie jeder,
Geboren unter jedem Himmel, dem
Des Lebens Quelle durch den Busen rein
Und ungehindert fließt.

- Überblick
  - Im vorliegenden Dialog zwischen Iphigenie und dem Taurerkönig Thoas geht es um Iphigenies Entscheidung im zentralen Konflikt des Schauspiels
  - Iphigenie muss sich zwischen Wahrhaftigkeit und sittlicher Autonomie auf der einen, zwischen ihrer und der Gefährten Rettung auf der anderen Seite entscheiden
- Der Textauszug lässt sich in drei Sinnabschnitte gliedern
  - Iphigenie begegnet Thoas' schroffer Aufforderung zum Vollzug der Menschenopfer mit dem Verweis auf ihre Rechte als Frau und verlangt von ihm Anerkennung für ihren sittlichen Standpunkt; sie begründet ihre Forderung mit dem Verweis auf ihre natürlichen Rechte der Gleichheit und Freiheit (V1855-1885)
  - In V1886-1919 spricht Iphigenie zunächst von ihrer Verunsicherung durch die Verpflichtung, die Menschenopfer durchzuführen; sie enthüllt Thoas zwar nicht die Identität der Fremden, gibt aber zögernd zu, dass sie Griechen seien. Sie lässt Thoas an ihren Gewissensqualen angesichts der *„unerhörten Tat"* (V1892) teilhaben, zu der sie fast schon entschlossen ist
  - Endlich bekennt sie Thoas die Wahrheit über Identität und Herkunft der Fremden sowie über die geplante Flucht, sie appelliert an Thoas' Menschlichkeit und vertraut auf die Wirkung ihres humanen Handelns auch gegenüber *„Barbaren"* (V1919-1942)
- Hinweise zur sprachlichen Gestaltung
  - Der Dialog ist im Blankvers gehalten (vgl. 2.15)
  - Im vorliegenden Szenenauszug kommt es zu Abweichungen vom jambischen Versfluss: In 1889 drückt das Aufeinanderfolgen von zwei Senkungen die Verunsicherung Iphigenies aus
  - Redeanteile und Sprechweise der Dialogpartner sind dem Gesprächsinhalt entsprechend ungleich: Thoas äußert parataktisch aufgebaute Aufforderungen und Fragen. Auch Iphigenie verwendet, ihrer Erregung entsprechend, Parataxen; sie wechselt mitunter, z.B. wenn sie ihr sittliches Anliegen erklärt, zu einem komplexeren, hypotaktischen Satzbau
  - Mehrfach drückt sich die Dynamik des Dialogs in Enjambements aus
  - Iphigenie verwendet bei der Begründung ihres Rechts auf sittliche Autonomie rhetorische Fragen
  - Iphigenie spricht in einem hohen, erhabenen Stil; sie verwendet sprachliche Bilder und Personifizierungen (z.B. V1912/13 *„Auf und ab Steigt in der Brust ein kühnes Unternehmen"*); Thoas antwortet auf gleichem Niveau (z.B. *„der rohe Skythe"*, V1938)
- Zur Bedeutung der *„unerhörten Tat"* Iphigenies im Schauspiel
  - Iphigenie hat ihren Konflikt, ihre Zweifel an einem bloß pragmatischen Handeln bis zur vorliegenden Szene mit sich ausgetragen
  - Im Entschluss zur Wahrhaftigkeit Thoas gegenüber erfüllt sich endlich ihr Streben nach einer Versöhnung pragmatischen und sittlichen Handelns(V1317-1331)

- Sie löst ihren emanzipatorischen Anspruch ein und erweist sich mit ihrer „*weiblichen*" Tat als dem Mann ebenbürtig, der Ehre wesentlich durch seine Taten im Krieg erwirbt
- Sie handelt autonom und im Einklang mit sittlich-humanen Werten und repräsentiert mit ihrem Handeln in idealer Weise das Menschenbild der Klassik

Erstellen Sie einen Textbaustein zur Erschließung des 3. Auftritts im 5. Aufzug:

3. Musterlösungen für Textbausteine

3.1 Inhalt des Schauspiels

Folgende Vorgeschichte des Schauspiels ist für das Verständnis notwendig und wurde von Goethe als bekannt vorausgesetzt:

Iphigenie, die Tochter des Königs Agamemnon aus dem fluchbeladenen Geschlecht der Tantaliden, wurde von der Göttin Diana auf die Insel Tauris im Schwarzen Meer (die heutige Halbinsel Krim) gebracht, um ihr dort als Priesterin zu dienen. Obwohl sie von König Thoas und seinem Volk - den Taurern - gastfreundlich aufgenommen wurde, fühlt sie sich als Fremde und sehnt sich nach ihrer Heimat Griechenland zurück. Die Taurer pflegen auf Geheiß ihres Königs den „barbarischen" Brauch, Fremde, die auf der Insel gestrandet sind, der Göttin Diana zu opfern. Dank Iphigenies Einfluss auf Thoas wurde dieses grausame Ritual eingestellt.

Die Handlung auf der Bühne setzt mit dem Auftreten Iphigenies vor dem Diana-Tempel ein, wo sie ihr einsames Schicksal auf der Insel Tauris beklagt. Den kurz auf diesen Auftritt folgenden Heiratsantrag von Thoas lehnt sie ab, was den König so sehr erzürnt, dass er mit der Wiederaufnahme des blutigen Brauchs der Menschenopfer droht. Deshalb werden Iphigenies Bruder Orest und dessen Freund Pylades, die inkognito auf Tauris eingetroffen sind, unverzüglich gefangen genommen und sollen durch Iphigenies Hand den Opfertod sterben. Während Orest sich schon mit seinem für einen Angehörigen des Tantalidengeschlechtes unvermeidlichen Schicksal abgefunden hat, schmiedet Pylades einen Fluchtplan, in den auch Iphigenie eingebunden wird: Dadurch, dass sie gegenüber König Thoas die bevorstehende Opferung mit einer Lüge hinauszögert, soll sie den Griechen helfen, Zeit zu gewinnen. Mit Hilfe mehrerer verborgen am Strand wartender Gefährten kann unterdessen die Flucht zu Schiff vorbereitet werden, die auch Iphigenie die lang ersehnte Heimkehr nach Griechenland ermöglicht.

Doch Iphigenie hegt Widerwillen gegen die Täuschung: Sie weiß, dass ihre Flucht für die Taurer die Wiederaufnahme der unmenschlichen Opfertradition bedeuten würde; außerdem widerstrebt es ihr, Thoas, den sie hoch schätzt, zu belügen. Hin- und hergerissen zwischen ihren persönlichen Wünschen und ihrer sittlichen Verpflichtung Thoas und den Taurern gegenüber ringt sich Iphigenie schließlich zur Entscheidung für die Wahrheit ohne taktisches Kalkül durch. Sie offenbart dem König den gesamten Fluchtplan und enthüllt ihm die Identität der beiden Fremden. Dieser zeigt sich von Iphigenies Mut zur Wahrhaftigkeit und ihrem Einsatz für vorbehaltlose Humanität beeindruckt und lässt die Griechen in Frieden ziehen.

3.2 Inhalt 1. Aufzug

Der eigentlichen Handlung des Schauspiels geht folgendes Geschehen voraus, welches für das Verständnis notwendig ist und von Goethe als bekannt vorausgesetzt wurde:

Iphigenie, Agamemnons Tochter, die von ihrem Vater geopfert werden sollte, um die Göttin Diana (griechisch Artemis) zu besänftigen, wurde von derselben gerettet und auf die Insel Tauris im Schwarzen Meer (die heutige Halbinsel Krim) gebracht. Dort muss sie der Göttin als Priesterin dienen. Auf Tauris ist es Brauch, alle Fremden zu opfern, die die Insel betreten. Iphigenie hat bei Thoas die Aufhebung dieses „barbarischen" Brauches erreicht.

Die Handlung *auf der Bühne* setzt mit dem Auftreten Iphigenies vor dem Tempel der Diana ein. Sie klagt darüber, dass sie sich fern der griechischen Heimat und ihrer Familie auf der Insel Tauris wie eine Fremde fühle und von großem Heimweh geplagt werde. Ihren Dienst als Priesterin der

Göttin versieht sie nur widerwillig, weil sie sich jener zur Dankbarkeit wegen ihrer Errettung vor dem Opfertod verpflichtet glaubt. Es bekümmert Iphigenie, dass es ihr als Frau versagt bleibt, sich ihres Schicksals selbst anzunehmen und dieses durch mutige Taten aktiv mitzugestalten, was allein den Männern vorbehalten ist.

Arkas, der Vertraute des Taurerkönigs, erscheint und wirbt in dessen Namen um Iphigenie. Er lobt ihre Verdienste auf Tauris - wie die Abschaffung des archaischen Rituals der Menschenopfer – und bittet sie, endlich ihre Identität zu enthüllen. Schließlich habe Thoas sie nach ihrer Ankunft auf der Insel gastfreundlich aufgenommen.

Iphigenie lehnt ab und lässt sich auch durch König Thoas, der hinzukommt und seinen Antrag persönlich wiederholt, nicht von ihrer Entscheidung abbringen. Diese begründet sie zum einen mit ihrer Verpflichtung der Göttin Diana gegenüber, als deren Eigentum sie sich sieht, zum anderen mit der Bürde ihrer Herkunft. Sie gibt sich dem König als Angehörige des Tantalidengeschlechts zu erkennen, auf dem ein Fluch der Götter lastet. Eingehend schildert sie ihm die Gräueltaten ihrer Ahnen sowie die Umstände, die sie selbst auf die Insel Tauris geführt haben. Doch ihre Hoffnung, sich durch dieses Geständnis Thoas' Werbung zu entziehen und nach Griechenland heimkehren zu dürfen, erfüllt sich nicht.

Thoas, erzürnt über die erneute Zurückweisung, gebietet am Ende, den alten Opferbrauch wieder einzuführen: Zwei Fremde, die am Strand aufgegriffen wurden, sollen unverzüglich der Diana geopfert werden.

Iphigenie fleht die Götter um Beistand an.

3.3 Inhalt 2. Aufzug

Bei den zwei Fremden, die dem grausamen Brauch zum Opfer fallen sollen, handelt es sich um Iphigenies Bruder Orest und dessen Freund Pylades. Die beiden jungen Männer sehen ihre momentane Situation sehr unterschiedlich: Während Orest verzweifelt über die Geschehnisse der Vergangenheit reflektiert und sich aufgrund des auf ihm lastenden Tantalidenfluchs sicher ist, sein Leben vorzeitig zu verlieren, blickt Pylades optimistisch in die Zukunft und vertraut darauf, dass sich eine Gelegenheit zur Flucht bieten werde. Er erinnert seinen Freund an die Verheißung Apolls, die sich bewahrheiten wird, nachdem sie ihre Mission erfüllt haben:

„Apoll gab uns das Wort: im Heiligtum der Schwester sei Trost und Hülf und Rückkehr dir bereitet." (V610-612)
Gemäß dem Orakelspruch soll Orest durch die Heimholung der „Schwester" nach Griechenland von den Erinnyen befreit werden, die ihn seit dem Muttermord an Klytämnestra verfolgen. Die Freunde wissen zu diesem Zeitpunkt noch nicht, dass mit der „Schwester" nicht die Statue der Diana im Tempel der Schwester Apolls, sondern Iphigenie, die Schwester Orests, gemeint ist. Pylades hofft auf die Mithilfe der Diana-Priesterin und schickt Orest weg, um alleine mit ihr zu sprechen und an ihr „reines Herz" zu appellieren.

Iphigenie tritt auf und befreit Pylades von seinen Fesseln, nachdem sie ihn als Griechen erkannt hat. Dieser gibt sich und seinen abwesenden Freund, den er seinen Bruder nennt, als trojanische Kämpfer aus. Iphigenie erfährt von Pylades, was sich seit ihrer Ankunft auf Tauris zugetragen hat: Die Nachrichten vom Untergang Trojas und der Ermordung Agamemnons durch Klytämnestra und deren Geliebten versetzen Iphigenie in einen Zustand tiefen Schmerzes, dessen wahren Grund Pylades jedoch nicht kennt, da sie ihn über ihre Identität im Unklaren gelassen hat.

3.4 Inhalt 3. Aufzug

Iphigenie trifft auf Orest, der ihr Pylades' Bericht über die Ereignisse in Griechenland bestätigt, seinen Namen jedoch nicht preisgibt. Von Iphigenie nach dem Verbleib ihrer Geschwister befragt, erzählt er vom Schicksal seiner Familie sowie – in der dritten Person – von seiner eigenen Schuld. Als er Iphigenies tiefe Betroffenheit und Anteilnahme spürt, gibt er sich schließlich doch zu erkennen, woraufhin auch Iphigenie sich ihm öffnet und den Bruder voller Freude in die Arme schließen will. Doch dieser ist über das Wiedersehen nicht erfreut, denn er befürchtet, sein eigenes unglückliches Schicksal auf die Schwester zu übertragen. Dass sich der Tantalidenfluch nun erneut erfüllen werde, indem Iphigenie als Priesterin beauftragt worden ist, den Bruder zu opfern, sieht Orest als Bestätigung seiner düsteren Vorahnungen. Von Schmerz und Todesangst überwältigt sinkt er ohnmächtig zu Boden. Iphigenie macht sich auf die Suche nach Pylades, um ihn um Hilfe zu bitten.

Währenddessen hat Orest eine Vision von seinen Ahnen, die er allesamt versöhnt in der Unterwelt nebeneinander sieht. Er freut sich darauf, bald selbst in deren harmonischen Kreis aufgenommen zu werden. Als Iphigenie mit Pylades zurückkehrt, wähnt er die beiden ebenfalls im Tartarus. Während Iphigenie die Göttin Diana anfleht, Orest vom Wahnsinn zu befreien, spricht Pylades in überlegten, klaren Worten zu dem Freund und appelliert so an dessen Vernunft. Der Wahn löst sich von Orest, er erwacht aus seiner Vision und fühlt endlich auch Freude über das Zusammentreffen mit der lang vermissten Schwester. Er dankt den Göttern und umarmt Iphigenie. Pylades drängt die beiden zur schnellen Flucht, um der drohenden Gefahr des Opfertodes zu entgehen.

3.5 Inhalt 4. Aufzug

Iphigenie ist beeindruckt von der Tatkraft und Klugheit des Pylades und lobt in einem Monolog dessen Ankunft als Hilfe, die ihr die Götter gesandt hätten. Pylades' Fluchtplan wird offengelegt: Er und Orest wollen – dem vermeintlichen Auftrag Apolls folgend – das Bildnis der Diana aus dem Tempel rauben und anschließend zu dritt auf einem Schiff, das *„in einer Bucht versteckt"* (V1397) auf sie wartet, in die Heimat fliehen. Um Zeit zu gewinnen wurde Iphigenie damit beauftragt, die Opferung der beiden jungen Männer unter einem Vorwand hinauszuzögern. Dazu ist es nötig, Thoas mit einer Lüge zu täuschen, was der Priesterin widerstrebt und ihre Begeisterung für den Fluchtplan zusehends trübt.

Dennoch verhält sie sich zunächst wie vereinbart und erklärt Arkas, der die Opferung anmahnt, sie müsse vorher das Bildnis Dianas im Meer reinwaschen, da es durch die Anwesenheit der Fremden entweiht worden sei. Diese Ausrede schürt Arkas' Misstrauen und er bedrängt Iphigenie erneut, den Heiratsantrag des Königs anzunehmen, um so die Wiederaufnahme der unmenschlichen Opfertradition doch noch zu verhindern. Seine Worte machen der Priesterin von neuem die grausamen Konsequenzen ihrer Flucht für die Taurer bewusst, was sie immer stärker daran zweifeln lässt, ob der Betrug moralisch vertretbar sei.

Gerade als Iphigenie in einem Selbstgespräch ihre Abwendung von Pylades' Plan zum Ausdruck bringt, tritt dieser auf und überbringt ihr die gute Nachricht von der Heilung Orests und dessen Befreiung von den Erinnyen. Pylades ist gekommen, um das Bildnis Dianas aus dem Tempel zu stehlen, doch Iphigenie warnt ihn vor Arkas' Argwohn sowie vor der baldigen Rückkehr desselben. Pylades reagiert zunächst ungehalten und tadelt sie, weil sie den Boten nicht mit dem Verweis auf ihr ausschließliches Priesterrecht am Betreten des Tempels gehindert habe. Daraufhin ersinnt er eine weitere Lüge, mit der Iphigenie Arkas davon abhalten solle: Wenn sie ihm glaubhaft versichern könne, dass die Gefangenen sich im Tempel aufhalten würden, hätten diese genügend Zeit, um den Raub des Götterbildes vorzubereiten und den Fluchtplan voranzutreiben. Iphigenie zögert mit ihrer Einwilligung, da sie sich hin- und hergerissen fühlt zwischen ihren persönlichen Wünschen - allen voran der Sehnsucht nach der griechischen Heimat - und ihrer moralischen Verpflichtung Thoas und den Taurern gegenüber. Pylades bemerkt Iphigenies inneren Zwiespalt und appelliert eindringlich an sie, dem in diesem Falle unabdingbaren Betrug zuzustimmen und sein Vorhaben zu unterstützen. Die Situation erfordere zweifellos ein pragmatisches Vorgehen und Iphigenie müsse sich der Notwendigkeit beugen. Darauf vertrauend, dass sie sich an die Vereinbarungen halten werde, eilt Pylades weiter.

Alleine zurückbleibend versucht Iphigenie, ihre ausweglos scheinende Lage zu analysieren. Falls sie eine Beteiligung am Fluchtplan ablehnen würde, nähme sie den sicheren Tod ihrer Gefährten in Kauf. Andererseits wäre eine Zustimmung zum Betrug ein Verrat an Thoas, der ihr viel Gutes erwiesen hat, sowie am Volk der Taurer, das die Wut seines Königs abbüßen müsste. Verzweifelt angesichts dieses Dilemmas beklagt Iphigenie im *„Lied der Parzen"* die Macht der Götter, deren Willkür die Menschen ausgeliefert seien.

3.6 Inhalt 5. Aufzug

Arkas berichtet Thoas, dass er die Priesterin verdächtige, ein Komplott mit den Fremden zu schmieden. Daraufhin befiehlt der König, den Hain der Göttin Diana zu überwachen und dem Gerücht, am Strand liege ein Schiff verborgen, nachzugehen. Er selbst beordert Iphigenie zu sich. Allein zurückbleibend wirft er sich vor, die Priesterin zu nachgiebig behandelt zu haben, so dass sie sich nun *„ein eigen Schicksal"*(V1799) erdacht habe und dieses durch Verrat zu verwirklichen suche.

Als Iphigenie kurz darauf hinzutritt, erklärt sie Thoas, der seine Zweifel an ihrer Aufrichtigkeit deutlich zeigt, die Verzögerung der Menschenopfer sei eine von der Göttin gewährte *„Frist zur Überlegung"* (V1808). Der Taurerkönig hingegen beruft sich auf *„ein alt Gesetz"* (V1831), das ihm sein Handeln vorschreibe, was Iphigenie, auf ihr eigenes Schicksal verweisend, als despotisch verurteilt. Sie selbst sei, trotz ihrer unerwarteten Ankunft auf der Insel, vor dem Opfertod verschont geblieben und wolle aus demselben Grund die Gefangenen retten. Ihr unerschütterliches Eintreten für die beiden Fremden schürt Thoas' Misstrauen nur noch mehr, sodass er Iphigenie vehement dazu drängt, ihm ihre wahren Beweggründe offen zu legen. Aufgewühlt und von Zweifeln geplagt, ringt diese sich schließlich dazu durch, Thoas die ganze Wahrheit zu erzählen: Sie offenbart ihm den Fluchtplan, enthüllt ihm die wahre Identität der Fremden und appelliert zuletzt mit den Worten *„Verdirb uns, wenn du darfst"* (V1936) an die Humanität des Königs, indem sie ihm die moralische Verantwortung für sein weiteres Handeln überträgt.

Orest tritt unvermittelt hinzu. Aus seinen hastigen Äußerungen schließt Iphigenie, dass die Griechen von den Taurern überwältigt worden sind. Sie gesteht ihm, Thoas die Wahrheit über den Fluchtplan verraten zu haben, was den Bruder so sehr erzürnt, dass er die Abfahrt von Thoas mit Gewalt zu erzwingen versucht. Es gelingt Iphigenie, beide Männer zur Besinnung zu bringen, indem sie auf die Heiligkeit des Ortes, an dem sie sich befinden, verweist.

Arkas und Pylades treten auf und bestätigen Orests Andeutungen: Die Taurer hätten das fremde Schiff entdeckt und stünden kurz davor, es zu zerstören. Eine Gefangennahme der Griechen scheint unvermeidbar zu sein, doch Thoas befiehlt, die Waffen ruhen zu lassen. Er verlangt Beweise für Orests Herkunft, woraufhin dieser mit dem Schwert Agamemnons *„den Besten"* der Taurer - Thoas selbst - zum Zweikampf fordert, um sich seines Vaters würdig zu erweisen. Iphigenie gelingt es, das Duell zu verhindern, indem sie den Bruder anhand körperlicher Besonderheiten - eines Muttermals und einer Narbe - identifiziert und so Thoas' Zweifel zerstreut. Letzterer prangert den von den Griechen geplanten Bilderraub als feindliche Handlung an, die einem Frieden im Weg stehen würde, doch Orest, der den Spruch Apolls nun richtig versteht, kann Thoas besänftigen: Nicht das Bild Dianas, der Schwester Apolls, war gemeint, sondern Iphigenie *in persona*, die Schwester Orests, die nach Griechenland heimgeholt werden sollte.

Daraufhin willigt Thoas in die Rückkehr der Hellenen in ihre Heimat ein und entlässt sie mit einem versöhnlichen *„Lebt wohl!"*

3.7 Literaturgeschichtliche Einordnung

Goethes Drama *Iphigenie auf Tauris* ist sowohl formal als auch inhaltlich der Epoche der Weimarer Klassik zuzuordnen. Außer dem *„Hain vor Dianens Tempel"* wird kein anderer Handlungsort namentlich genannt. Obwohl sämtliche Zeitangaben fehlen, scheint die Beschränkung der Dramendauer auf *„einen Sonnenumlauf"* – etwa einen Tag – gegeben, da die einzelnen Handlungsschritte unmittelbar aufeinander folgen. Die Forderung nach der Einheit der Handlung wird durch einen linearen Geschehensablauf erfüllt, der nur aus einem einzigen Handlungsstrang ohne Nebenhandlungen besteht.

Außerdem gilt die *Ständeklausel*, denn alle Hauptfiguren gehören dem adeligen Stand an und verhalten sich – mit Ausnahme Orests – auch dementsprechend: Sie reflektieren das eigene Fühlen und Handeln und agieren beziehungsweise reagieren nach außen hin meist gefasst und bedacht.

Auch thematisch ist *Iphigenie auf Tauris* ein Werk der Weimarer Klassik: Gemäß der in dieser Epoche zum Prinzip erhobenen Aufhebung aller Gegensätze strebt Iphigenie nach Harmonie zwischen Pflicht und Neigung. Dadurch gerät sie in einen inneren Konflikt zwischen sittlichem Handeln – der Entscheidung für die Wahrheit Thoas gegenüber – und einem pragmatischen Vorgehen zugunsten von Orest und Pylades, deren Leben durch die geplante Flucht gerettet werden könnte. Indem Iphigenie bewusst den Weg der Wahrhaftigkeit wählt, erwirkt sie eine humane Lösung des Konflikts: die freiwillige und versöhnliche Verabschiedung der Griechen in ihre Heimat. Damit entspricht sie dem Ideal des *„klassischen"* Menschen, der aus innerer Überzeugung und eigener Kraft tugendhaft handelt.

3.8 Aufbau des Dramas

Goethes *Iphigenie* ist ein Drama der geschlossenen Form, die als typisch für die Weimarer Klassik gilt. Das klassische Drama ist durch einen linearen Handlungsaufbau gekennzeichnet, wie ihn Gustav Freytag Mitte des 19. Jahrhunderts in seiner Abhandlung *„Die Technik des Dramas"* beschrieben hat.

Der in fünf Akte beziehungsweise *„Aufzüge"* gegliederte Spannungsbogen setzt sich demnach aus Einleitung, steigender Handlung, Höhepunkt, fallender Handlung („Umkehr") und Katastrophe beziehungsweise Lösung zusammen.

Iphigenie ist zwar nach diesem Modell aufgebaut, doch der Konflikt wird nicht tragisch gelöst, da die Handelnden imstande sind, die Katastrophe durch den Einsatz ihrer aufgeklärten Vernunft und durch ihr selbstbestimmtes humanes Handeln abzuwenden: Iphigenies Bekenntnis zur Wahrheit und ihre Absage an den Fluchtplan des Pylades führen schließlich zur Versöhnung zwischen Griechen und Taurern und erwirken die Freiheit der Hauptfiguren.

Die Bezeichnung *„Ein Schauspiel"*, die Goethe seinem Text vorangestellt hat, zeigt ebenfalls, dass es sich nicht um ein dem strengen Maßstab folgendes Drama handelt, sondern um ein Stück, das zwar den ernsten, bedeutsamen Gegenstand einer Tragödie zum Inhalt hat, dessen Handlung jedoch durch die Entscheidungen des autonom denkenden und sittlich handelnden Menschen beeinflusst und zu einem versöhnlichen Ende geführt werden kann.

Im Einzelnen ist *Iphigenie auf Tauris* wie folgt aufgebaut:

Der *erste Aufzug* hat die Funktion einer Exposition und führt den Zuschauer in die sich anbahnenden Konflikte ein. Er erfährt Grundlegendes über die mythologische Vorgeschichte, über Iphigenies Herkunft und ihre Lebenssituation auf Tauris. Als sie Thoas' Heiratsantrag ablehnt und der Taurerkönig daraufhin befiehlt, das grausame Ritual der Menschenopfer wieder einzuführen, verschärft sich Iphigenies Dilemma zwischen ihrer Sehnsucht nach Griechenland und der Verpflichtung, die sie den Taurern gegenüber verspürt.

Im *zweiten Aufzug* nimmt die Handlung einen steigenden Verlauf, indem der in der Exposition eröffnete Spannungsbogen verdichtet und weitergeführt wird. Iphigenie, die sich als Angehörige des Tantalidengeschlechts ihrer Schuldverstrickung bewusst ist, gerät durch Orests und Pylades' unerwartetes Eintreffen in große Bedrängnis: Als Priesterin ist sie gezwungen, beide der Göttin Diana zu opfern, was sie erneut vor die Entscheidung stellt, entweder sittlich oder pragmatisch zu handeln.

Im *dritten Aufzug* spitzt sich die Situation weiter zu. Nachdem sich Iphigenie und Orest einander zu erkennen gegeben haben, wird klar, dass sich durch die Opferung des Bruders durch die Schwester der Tantalidenfluch erneut bewahrheiten könnte. Orests Ohnmacht und seine Vision stellen den tragischen Höhepunkt des Stücks dar. Nach seiner Heilung verstärkt sich Iphigenies innerer Konflikt zwischen Humanität und Wahrhaftigkeit: Unterstützt sie den Fluchtplan, der die Freunde vor der Hinrichtung bewahrt, missbraucht sie damit Thoas' Vertrauen und mitverantwortet auf Tauris einen Rückfall in die Barbarei.

Dadurch dass sich Iphigenie im *vierten Aufzug* immer mehr zur „unerhörten Tat", dem Bekenntnis zur Wahrheit, hinwendet, wird die „Umkehr" im Sinne des freytagschen Modells eingeleitet. Monologe und Dialoge mit Arkas und Pylades thematisieren Bedeutung und Folgen des Fluchtplans.

Der *fünfte Aufzug* führt schließlich zu einer humanen Lösung des Konflikts: Im letzten Auftritt versöhnen sich Griechen und Taurer und Thoas lässt die Geschwister aus freiem Willen in ihre Heimat zurückkehren. So kann durch Iphigenies bedingungslose Entscheidung für die Wahrheit die Katastrophe abgewendet und eine Einheit von sittlichen und pragmatischen Zielen erreicht werden.

3.9 Der mythologische Hintergrund

Das Schauspiel *Iphigenie auf Tauris* hat als Hintergrund das folgende mythologische Geschehen, das von Goethe als bekannt vorausgesetzt wurde:

Iphigenie und ihr Bruder Orest gehören dem Geschlecht der Tantaliden an, auf dem ein grausamer Fluch lastet, der auf die Hybris des Stammvaters Tantalus zurückzuführen ist. Dieser hat das Vertrauen der Götter missbraucht. In einer Version der Tantalussage heißt es, er habe für die Menschen Nektar und Ambrosia, die Speisen der Götter, gestohlen und die Olympier so gegen sich aufgebracht. Die andere Version berichtet, dass Tantalus deren Allwissenheit auf die Probe stellen wollte und ihnen deshalb seinen Sohn Pelops als Speise vorgesetzt habe. Zur Strafe wurde er von den Göttern in den Tartarus – den Kerker der Unterwelt – verstoßen, wo er für alle Zeit die sogenannten *Tantalusqualen* erleiden muss: So weichen beispielsweise Speisen und Getränke vor ihm zurück, wenn er essen und trinken will; außerdem droht ihn ständig ein schwerer Felsbrocken, den er nicht beiseite rollen kann, zu erschlagen. Doch dies ist nicht die einzige Strafe: Die Götter verhängen über Tantalus' Nachkommen den Fluch, dass diese immer wieder aufs Neue schreckliche Taten begehen und damit schwere Schuld auf sich laden werden, sei es durch Mord an Familienangehörigen oder ähnliche Gräueltaten.

Iphigenies Vater Agamemnon, der König von Mykene, erfüllt den Fluch, indem er bereit ist, seine Tochter der Göttin Diana zu opfern, um diese zu besänftigen. Doch die Göttin tötet Iphigenie nicht, sondern bringt sie nach Tauris, einer Halbinsel am Schwarzen Meer, wo sie ihr als Priesterin dienen muss. Da Klytämnestra, Iphigenies Mutter, jedoch vom Tod der Tochter ausgeht, sinnt sie auf Rache und ermordet Agamemnon mit Hilfe ihres Geliebten Ägisth. Orest, der bei seinem Onkel aufgewachsen ist und in dessen Sohn Pylades einen treuen Freund gefunden hat, beschließt gemeinsam mit diesem, den Vatermord zu rächen: Klytämnestra stirbt durch die Hand ihres Sohnes, der damit den Fluch des Verwandtenmordes fortsetzt.

Doch seine Tat lässt Orest nicht zur Ruhe kommen, denn die Erynnien - furchteinflößende Rachegöttinnen - verfolgen ihn und führen ihm den Mord unablässig vor Augen, sodass Orest schließlich dem Wahnsinn nahe ist. In dieser Situation weissagt ihm das Orakel von Delphi, das dem Gott Apoll gewidmet ist, er könne sich von Fluch und Verfolgung befreien, indem er in das Land der Taurer fahre und von dort *„die Schwester"* nach Griechenland heimhole. In der Annahme, damit sei die Statue der Diana, der Schwester Apolls, gemeint, begibt sich Orest in Begleitung von Pylades zum heiligen Hain auf Tauris, ohne auch nur zu ahnen, dass seine Schwester Iphigenie als Priesterin der Diana dort ihren Dienst versieht.

3.10 Charakterisierung Iphigenie

Iphigenie ist die zentrale Figur im Schauspiel und repräsentiert die Ideen des Humanismus, die sich in ihrem Handeln und in ihren Reflexionen widerspiegeln. Daher stellt sie – wie auch alle anderen Figuren – keinen realen Menschen *„aus Fleisch und Blut"* dar, sondern eine Kunstfigur, die zeigt, dass sittliches Handeln - die Entscheidung für die Wahrhaftigkeit - und pragmatische Ziele - die Rückkehr in die Heimat - in Einklang gebracht werden können.

Iphigenie gehört dem fluchbehafteten Tantalidengeschlecht an und sollte von ihrem Vater Agamemnon der Göttin Diana geopfert werden, um diese zu besänftigen. Doch anstatt sie zu töten, brachte die Göttin sie nach Tauris im Schwarzen Meer, wo sie ihr fortan als Priesterin dienen musste. Seit ihrer Ankunft auf der Insel hat Iphigenie viel Gutes bewirkt, etwa die Abschaffung des „barbarischen" Rituals, das vorsieht, alle auf die Insel kommenden Fremden der Göttin Diana zu opfern. Dennoch ist Iphigenie unglücklich auf Tauris: Sie verspürt große Sehnsucht nach ihrer griechischen Heimat und nach ihrer Familie, über deren Verbleib sie nichts weiß. Außerdem belastet sie die Ungewissheit über ihre Zukunft, zumal da es ihr als Frau nicht zusteht, ihr Schicksal aktiv mitzugestalten, wie dies den Männern möglich ist.

Im ersten Aufzug gibt sie König Thoas gegenüber ihre Herkunft sowie den auf ihr lastenden Fluch preis, weil sie hofft, ihn durch dieses Geständnis von seinem Werben abzubringen (vgl. I,3). Bereits zu Beginn des Schauspiels entscheidet sie sich somit für das offene Wort und übernimmt Eigenverantwortung für ihr Handeln, anstatt sich auf ihr Amt als Priesterin der Diana zu berufen, die der Ehelosigkeit verpflichtet ist. Diese Haltung bereitet Iphigenies „unerhörte Tat", das vorbehaltlose Bekenntnis zur Wahrheit trotz aller damit verbundenen Risiken, im fünften Aufzug vor (vgl. V, 3).

Als *„schöne Seele"*, wie Arkas sie bezeichnet (V1493), verkörpert sie das Entwicklungs- und Erziehungsideal der Weimarer Klassik, indem es ihr gelingt, ihre innere Verpflichtung gegenüber den Prinzipien der Humanität, zu denen auch die Wahrhaftigkeit gehört, und ihre persönliche Neigung, die ersehnte Rückkehr in die Heimat, harmonisch zusammenzuführen. Iphigenies positives Wirken zeigt sich am Ende des Stücks in mehrfacher Hinsicht: Orest wird geheilt und von seiner Schuld befreit, was beweist, dass der Tantalidenfluch seine Macht verloren hat. Thoas, der durch Iphigenies Verhalten entscheidende humane Werte verinnerlicht hat, lässt die Griechen mit einem versöhnlichen Abschiedsgruß ziehen.

3.11 Charakterisierung Thoas

Thoas, der König der Taurer, tritt im Schauspiel als Iphigenies Gegenpart auf. Zwar hat er sich durch ihren Einfluss den Werten des Humanismus bereits schrittweise geöffnet und ihr positives Wirken auf Tauris geschehen lassen, doch als Iphigenie seinen Heiratsantrag ablehnt, wird offenbar, wie sehr er auch in der „barbarischen" Tradition seines Volkes gefangen ist. Mit Iphigenies Zurückweisung muss er ebenso die Hoffnung auf einen Thronfolger begraben, was ihn sehr hart trifft, da er seinen Sohn im Krieg verloren hat und seinen Untertanen keinen Nachfolger präsentieren kann. Dies erklärt seine harte Reaktion auf die Absage, den Befehl, das grausame Ritual der Menschenopfer wieder aufzunehmen und zeigt, wie instabil seine Annäherung an die humanen Ideen noch ist.

Am Ende des Stücks hat Thoas jedoch einen Lernprozess durchlaufen und sich in die von Iphigenie geförderte Richtung hin zur Menschlichkeit entwickelt: Zum einen verzichtet er auf Gewalt und lässt die Griechen aus freien Stücken in ihre Heimat zurückkehren, zum anderen verabschiedet er sie mit einem versöhnlichen *„Lebt wohl!"* und beweist damit, dass er den Ansprüchen an einen aufgeklärten, humanen Herrscher gerecht wird.

3.12 Charakterisierung Orest

Orest, der Bruder Iphigenies, hat durch die Ermordung seiner Mutter Klytämnestra Schuld auf sich geladen, weswegen er von den Erinnyen verfolgt wird. In der Hoffnung, sich durch den Raub eines Götterbildes der Diana, der Schwester Apolls, von den Rachegöttinnen zu befreien, wie es ihm das Orakel prophezeit hat, ist er mit seinem Freund Pylades nach Tauris gekommen. Denn die *„Heimholung der Schwester"* nach Griechenland soll ihm dem Orakelspruch zufolge Heilung bringen und den Tantalidenfluch, den er selbst durch den Muttermord weitergeführt hat, brechen. Dass mit der *Schwester* Iphigenie gemeint ist, von deren Tod er bislang überzeugt war, weiß er zu diesem Zeitpunkt noch nicht.

Orests pessimistische und fatalistische Grundhaltung findet Bestätigung in seiner Vision von den Tantaliden, seinen Ahnen, die er einträchtig in der Unterwelt vereint sieht und die ihn als Nächsten in ihren Kreis aufnehmen wollen. Er glaubt, dass es ihm nicht möglich sei, seinem Schicksal zu entrinnen und sich aus eigener Kraft von der Schuld zu lösen, die auf seinem Geschlecht lastet. Deshalb flüchtet er sich in eine fiktive Welt, in welcher dieser Fluch aufgehoben ist. Iphigenie ist es schließlich, die die Heilung Orests und den Abzug der Erinnyen herbeiführt, indem sie den Fluch mittels ihrer Wahrhaftigkeit und Menschlichkeit durchbricht und so den Bruder von seiner Schuldverstrickung befreit.

3.13 Charakterisierung Arkas und Pylades

Arkas und Pylades wurden Thoas und Orest als Helfer zur Seite gestellt, um diese zu beraten und um deren Interessen zu vertreten. Im grundlegenden Dramenkonflikt nehmen sie jedoch keinen eigenen sittlichen Standpunkt ein.

Arkas

Arkas ist der Bote des Königs und genießt als solcher dessen Vertrauen. Von dem positiven Einfluss Iphigenies auf seinen Herrn überzeugt, setzt er sich für eine Verbindung zwischen den beiden ein. Er lobt die Verdienste der Priesterin seit ihrer Ankunft auf der Insel, die den Taurern ein humaneres Leben beschert haben und setzt alles daran, Iphigenie für Thoas' Antrag zu gewinnen, was ihm aber nicht gelingt. Als dieser nach Iphigenies Zurückweisung befiehlt, den barbarischen Opferbrauch wieder aufzunehmen, relativiert Arkas seine Haltung gegenüber Iphigenie. Nachdem er erneut erfolglos versucht hat, Iphigenie dazu zu bewegen, die folgenschwere Entscheidung des Königs durch ihr Entgegenkommen zu beeinflussen, berichtet er Thoas von seinem Verdacht, die Priesterin schmiede ein Komplott mit den beiden Fremden.

Pylades

Als Pendant zu Arkas konstruiert, steht Pylades seinem Freund Orest zur Seite und unterstützt diesen bei der Mission, *„die Schwester"* heimzuholen. Im Gegensatz zu Orest, der sich aus seiner grundsätzlich pessimistischen und fatalistischen Einstellung heraus überwiegend passiv verhält, legt Pylades Optimismus und Tatendrang an den Tag: So ist er nicht gewillt, sich mit dem drohenden Opfertod abzufinden und schmiedet einen Fluchtplan, in den Iphigenie miteinbezogen werden soll. Nach dem Raub des Götterbildes aus dem Tempel plant er, gemeinsam mit Orest und dessen Schwester zu Schiff nach Griechenland zu fliehen. Um Zeit zu gewinnen, soll Iphigenie die Opferung hinauszögern, indem sie Thoas belügt. Die Lüge, die Pylades von Iphigenie verlangt, lässt diese immer mehr von dem intriganten Plan abrücken. Als sich die Priesterin schließlich für sittliches Handeln ohne Kalkül entscheidet, entwickelt sich Pylades, von dessen pragmatischer Entschlossenheit und Listigkeit Iphigenie ursprünglich sehr beeindruckt war, zu ihrem Gegenspieler.

3.14 *Das Geschlechterverhältnis im Schauspiel*

Die Differenzierung zwischen männlichen und weiblichen Verhaltens- und Vorgehensweisen durchzieht das gesamte Stück und ist für dessen Botschaft im Sinne der Aufklärung von Bedeutung. Iphigenie repräsentiert als einzige Frau und Protagonistin des Schauspiels wesentliche Ideen dieser Geisteshaltung, die sie ihrem männlichen Umfeld schrittweise nahe bringt. Während Pylades, Orest, Thoas und Arkas ihre Ziele überwiegend mittels Täuschung und Gewalt durch-zusetzen versuchen und so - dem Rollenbild der Zeit entsprechend - typisch „männliche" Lösungsstrategien verfolgen, setzt Iphigenie letztendlich auf die Kraft der Gewaltfreiheit und der Wahrheit.

Obwohl ihr Pylades' List zur Befreiung der Griechen zunächst verlockend erscheint (vgl. IV,1), lässt ihr die damit verbundene Lüge, mit der sie Thoas begegnen soll, *„de[n] Betrug mehr und mehr verhasst"* (V1525f.) erscheinen. Anstelle des *„falsche[n] Wort[es]"* bevorzugt sie die offen ausgesprochene Wahrheit und enthüllt dem Taurerkönig die Identität der Griechen sowie den Fluchtplan, nachdem sie kurz zuvor die „männliche" Definition einer heroischen „unerhörten Tat" analysiert und selbstbewusst in Frage gestellt hat:

„Hat denn zur unerhörten Tat der Mann
Allein das Recht? [...]
Wird der allein gepriesen? der allein,
Der einen sichern Weg verachtend kühn
Gebirg' und Wälder durchzustreifen geht,
Dass er von Räubern eine Gegend säubre?
Ist uns[1] nichts übrig? [...] (V1892 -1908)

Würden Frauen danach streben, auf dieselbe Art wie Männer Ruhm zu erwerben, müssten sie sich wie kriegerische Amazonen verhalten und notfalls auch Gewalt anwenden, was dem weiblichen Wesen jedoch zuwiderlaufe (vgl. V1908 - 1912). Stattdessen macht Iphigenie durch ihre vorbehaltlose Wahrhaftigkeit Thoas gegenüber *ihr* Verständnis von einer unerhörten „weiblichen" Tat deutlich: Nicht durch List und Gewalt können Konflikte auf eine für alle Beteiligten zufriedenstellende Weise gelöst werden, sondern durch Aufrichtigkeit und Vertrauen.

Iphigenie entscheidet sich nach einem langen inneren Kampf, verursacht durch ihre persönlichen Wünsche sowie durch die Erwartungen, die Orest, Pylades, Thoas und dessen Volk an sie stellen, bewusst für die Wahrheit und vollzieht so einen wichtigen Schritt in Richtung Freiheit und Selbstbestimmung. Dank ihres Mutes zum offenen Wort befreit sie sich vom zu Goethes Zeit gültigen Rollenbild der Frau, dessen Einschränkungen sie in ihrem Eingangsmonolog noch beklagt hat (vgl. I,1: V24 - 31) und stellt sich so auf eine Ebene mit dem Mann. Dass ihr dieser Anspruch zusteht, hat sie Thoas gegenüber bereits deutlich gemacht und mit den natürlichen Rechten der Gleichheit und Freiheit begründet (vgl. V1855 – 1885:

„[...] Beschönige nicht die Gewalt,
Die sich der Schwachheit eines Weibes freut.
Ich bin so frei geboren als ein Mann" (V1856 - 1858).

Iphigenies emanzipatorisches Handeln zeigt ihren männlichen Gegenspielern, dass der zerstörerische Kreislauf von Gewalt und Gegengewalt durchbrochen werden muss, damit Wahrhaftigkeit, Versöhnung und Humanität zum Wohle aller die Oberhand gewinnen können. Indem sie sich der Opferung der Griechen widersetzt (vgl. V1856f.), Pylades' Fluchtplan und den Raub des Götterbildes vereitelt und kurz vor der Konfliktlösung noch einen drohenden Zweikampf zwischen Orest und Thoas verhindert (vgl. V,6), lebt sie den männlichen Figuren zentrale Werte der philosophischen Aufklärung des 18. Jahrhunderts vor und fordert sie indirekt auf, ihrem Beispiel zu folgen, was ihr auch gelingt. Beeindruckt von Iphigenies vorurteilsfreiem Handeln reagiert Thoas versöhnlich: Er lässt die Griechen friedvoll und mit einem freundschaftlichen Gruß ziehen.

1 Anmerkung: „uns" entspricht hier „den Frauen"

3.15 Sprachliche Struktur und Versmaß

Alle Figuren sprechen – ihrem adeligen Stand gemäß – die Hochsprache und verwenden häufig komplexe *hypotaktische Satzgefüge* mit Parenthesen. Das gehobene, durch viele abstrakte Nomina gekennzeichnete Vokabular ist frei von konkreten, alltagssprachlichen Begriffen. Dieses durchgehend hohe Sprachniveau bringt intellektuelle Distanz und stete Kontrolliertheit der Protagonisten zum Ausdruck, selbst wenn diese innerlich aufgewühlt sind, was zeigt, dass sie von Goethe nicht als Menschen „aus Fleisch und Blut", sondern als Ideenträger konzipiert worden sind.

Das dominierende Metrum im Schauspiel ist der *Blankvers*, ein fünfhebiger, reimloser Jambus, der mit einer unbetonten Silbe beginnt. Die Verszeile kann sowohl mit betonter (männlicher) als auch mit unbetonter (weiblicher) Kadenz abschließen: Endet sie auf einer betonten Silbe, besteht sie aus zehn, endet sie auf einer unbetonten Silbe, aus elf Silben. Der Wechsel zwischen Hebung und Senkung (Alternation) hat zur Folge, dass an manchen Stellen unbetonte Vokale ausgelassen werden müssen, was als *Elision* bezeichnet wird. Mitunter weicht der Vers aus inhaltlichen Gründen vom Prinzip der Alternation ab: So sind in Vers 1889 die fünfte und die sechste Silbe unbetont gehalten, um Iphigenies Unsicherheit zu betonen, als diese von Thoas nach der Herkunft der beiden Fremden gefragt wird:

„Sie sind – sie scheinen – für Griechen halt ich sie" (V1889).
Darüber hinaus findet man in *Iphigenie* einige Stellen, in denen der Blankvers durch andere metrische Strukturen ersetzt wurde. Auf diese Weise kommt ihnen ein besonderes Gewicht zu: Iphigenies Gebet in I,4; Orests Vision in III,2; die Huldigung Iphigenies an Pylades in IV,1 und das Lied der Parzen in IV,5.

3.16 Erschließung von Schlüsselstellen 1: Aufzug I, 1. Auftritt

Im ersten Aufzug von Goethes *Iphigenie* werden dem Zuschauer die Grundlagen des dramatischen Konflikts eröffnet und die beteiligten Personen sowie der Ort der Handlung vorgestellt. Der erste Auftritt, Iphigenies Eingangsmonolog, in dem sie ihre derzeitige Situation auf Tauris schildert und ihre Gefühle offenbart, ist Bestandteil dieser sogenannten *„Exposition"*. Iphigenies Hin-und-Her-Gerissensein zwischen ihrer Sehnsucht nach der griechischen Heimat und ihrer Verpflichtung Thoas gegenüber deutet bereits auf den grundlegenden Konflikt des Schauspiels voraus.

Der Monolog lässt sich in vier Abschnitte gliedern: Iphigenie betritt den Hain vor dem Tempel der Göttin Diana, der sie als Priesterin dient. Verzweifelt klagt sie darüber, dass sie sich immer noch wie eine Fremde auf Tauris fühle (V 1-6). Obwohl sie große Sehnsucht nach ihren Eltern und Geschwistern in Griechenland verspüre, sei sie dazu verdammt, Jahr für Jahr ein einsames Dasein fern der Heimat zu fristen (V 7-22). Außerdem bedrückt es Iphigenie, dass es ihr als Frau versagt bleibt, ihr Schicksal aktiv zu beeinflussen; allein den Männern ist es vorbehalten, sich im Kampf auszuzeichnen. Ihre eigene Lage empfindet sie als umso grausamer, als sie sich dem *„edlen Mann"* Thoas gegenüber, der sie *„in ernsten, heil'gen Sklavenbanden"* auf der Insel gefangen hält, zur Dankbarkeit verpflichtet sieht (V 23-34). Im letzten Abschnitt wendet sich Iphigenie direkt an ihre *„Retterin"*, die Göttin Diana, in deren Schuld sie sich sieht. Sie bekennt, dass sie ihren Tempeldienst nur widerwillig verrichte und wie sehr sie sich nach den Ihren in der Heimat sehne. Deshalb bittet sie die Göttin, sie noch einmal - nach der Rettung vor der geplanten Opferung - vor dem *„zweiten Tod"* zu bewahren, als den sie das erzwungene Leben auf Tauris empfindet und ihr die Rückkehr nach Griechenland zu ermöglichen (V 35-53).

Iphigenies innerer Zwiespalt zwischen ihren Pflichten und ihren individuellen Wünschen verdeutlicht exemplarisch den Grundkonflikt des Schauspiels, der sich im Verlauf der Handlung immer mehr entfaltet. Als Repräsentantin der Ideen des klassischen Menschenbildes obliegt es ihr, rational begründete Entscheidungen zu treffen und sich den sittlichen Normen entsprechend zu verhalten. Dies bedeutet, dass Iphigenie ihren Verpflichtungen gegenüber Thoas und Diana nachkommen muss, wenn sie diesem hohen Anspruch genügen will. Doch auch persönliche Neigungen, ihr Wunsch, die Heimat wiederzusehen und ein Leben in Freiheit zu führen, bedrängen die Protagonistin und lassen sie nicht zur Ruhe kommen. Dass sie sich letztendlich aus freiem Willen für die Wahrhaftigkeit und damit für ein Grundprinzip der Humanität entscheidet, zeigt ihre Entschlossenheit und ihren Mut zur Selbstbehauptung, die nach ihrer Ansicht sowohl Männern als auch Frauen zusteht. Ganz im Einklang mit den Ideen der Aufklärung deutet Iphigenie in ihrer Klage über die Lage der Frauen bereits an, dass sie alte Rollenmuster infrage stellt, die den Frauen das Recht auf eine autonome Lebensgestaltung absprechen. Diese bereits im Eingangsmonolog vorgenommene Beurteilung der Geschlechterrollen wird folgerichtig am Ende des Schauspiels zur *„unerhörte*(n) *Tat"* führen, zum Bekenntnis der Wahrheit mit allen Konsequenzen.

Iphigenies Rede ist im *Blankvers* gehalten, einem reimlosen fünfhebigen Jambus, der sich aufgrund der regelmäßigen Alternation von Hebung und Senkung dem natürlichen Sprachfluss anpasst. Daher eignet er sich zum Ausdruck von Gemütsbewegungen ebenso wie für die Wiedergabe anderer sprachlicher Inhalte. In Iphigenies Monolog wird durch die Verwendung des Blankverses ein feierlich-fließender Sprachduktus erzeugt, der in den flehentlichen Bitten an Diana die eine oder andere Betonungsverschiebung erforderlich macht, was auf den von starken Emotionen bestimmten Seelenzustand der Sprecherin hinweist (vgl. V 35, V37, V43, V53).

Iphigenies innere Verfassung wird in der ersten Person zum Ausdruck gebracht (vgl. V4 – V14: „ich", „mein", „mich"); der Wechsel in die dritte Person (vgl. V15 – V33) verdeutlicht, wie sehr die Protagonistin um eine reflektierte, objektiv-distanzierte Beurteilung der Situation bemüht ist.

Der komplexe hypotaktische Satzbau entspricht dem hohen Reflexionsniveau Iphigenies, die ihre Emotionen oftmals in ungewöhnlich ausdrucksstarke sprachliche Bilder kleidet: *„Und an dem Ufer steh ich lange Tage, Das Land der Griechen mit der Seele suchend"* (V11f.). Diese Metapher in Verbindung mit einer Alliteration verdeutlicht Iphigenies Einsamkeit auf Tauris und ihre Sehnsucht nach der Heimat, die ihr Inneres – ihre „Seele" - erfüllt. Die flehentliche Bitte an Diana am Ende des Monologs veranschaulicht mit einer als Erklärung angefügten Metapher, die durch die Wiederholung des Substantivs „Tod" noch verstärkt wird, wie unerträglich Iphigenie ihr Leben auf der Insel geworden ist: *„Und rette mich, die du vom Tod errettet, Auch von dem Leben hier, dem zweiten Tode!"* (V52f.)

3.17 Erschließung von Schlüsselstellen 2: Aufzug III, 3. Auftritt

Nachdem Orest im dritten Aufzug seine wahre Identität preisgegeben hat, verschärft sich Iphigenies innerer Konflikt: Sie weiß jetzt, dass sie durch die Opferung des Bruders die grausame Prophezeiung des Tantalidenfluchs fortsetzen und damit Orests fatalistische Denkweise bestätigen würde. Dessen Reaktion – sein Zusammenbruch und die Flucht in den Wahnsinn – zeigt, wie sehr er unter der Last des für ihn unabänderlichen Schicksals leidet und führt eine weitere Steigerung der Dramatik herbei. Der hier zu untersuchende dritte Auftritt bringt mit der Heilung Orests, die diesem neue Tatkraft verleiht und nun doch auf Befreiung von den Erinnyen und eine mögliche Errettung vom Opfertod hoffen lässt, die Wende zum Positiven.

Die vorliegende Szene kann in fünf Sinnabschnitte unterteilt werden: Orest, in seinem Wahn gefangen, sieht sich in der Unterwelt, wo er Iphigenie und Pylades „als neue Gäste" begrüßt, die, wie er glaubt, auch in den Hades hinabgestiegen seien (V1310-1316). Beide suchen nach einem Weg, ihn zu heilen und gehen dabei völlig unterschiedlich vor: Iphigenie bittet die Göttin Diana, den *„einz'gen, spätgefundnen"* Bruder *„von den Banden [des] Fluchs"* zu erlösen (V1317-1331). Pylades hingegen wendet sich direkt an den Freund und versucht ihm bewusst zu machen, dass eine wahrnehmbare Wirklichkeit existiert, auf die er vertrauen könne:

„Fühlst du den Arm des Freundes und der Schwester,
Die dich noch fest, noch lebend halten? Fass

Uns kräftig an; wir sind nicht leere Schatten" (V1334-1336).

Außerdem weist Pylades Orest auf die bestehende Gelegenheit zur Flucht hin: Dieser müsse nur auf ihn hören und seine Kräfte sammeln (V1332-1340). Daraufhin lässt sich Orest wieder auf die Realität ein und schöpft Hoffnung, vom Tantalidenfluch und von der Verfolgung durch die Erinnyen befreit zu werden. Er fasst neuen Lebensmut und blickt voll Zuversicht in die Zukunft, die *„Lebensfreud und große Tat"* für ihn bereithält (V1341-1364). Pylades erinnert die Geschwister an die geplante Flucht und mahnt zu schnellem Handeln (V1365-1368).

Wie sehr Orest unter der Macht des Tantalidenfluchs leidet, beweist sein Wahn, in dem er im ersten Teil des Auftritts (V1310-1340, explizit bis V1358) gefangen ist. Um ihn davon zu befreien, verfolgen Iphigenie und Pylades zwei verschiedene Strategien, die für ihren jeweiligen Charakter typisch sind. Während Iphigenie auf die göttliche Ordnung vertraut, in der sie sich auch selbst aufgehoben fühlt und die Göttin Diana zu Hilfe ruft, geht Pylades rein pragmatisch vor: Er appelliert an den Freund, auf die Stimme der Vernunft zu hören und sich mit Hilfe seiner eigenen Kraft auf die Realität - im konkreten Fall auf die bevorstehende Flucht - zu besinnen:

„Merk auf mein Wort! Vernimm es! Raffe dich
Zusammen! Jeder Augenblick ist teuer,
Und unsre Rückkehr hängt an zarten Fäden [...]" (V1337-1339).

Als Orest endgültig aus seiner Vision erwacht ist (vgl. V 1358), *„zum ersten Mal mit freiem Herzen [...] reine Freude"* (V1341f.) empfindet und seine so lange totgeglaubte Schwester in die Arme schließt, verstärkt dies den Druck, der auf Iphigenie lastet. Denn nun geht es nicht mehr nur darum, Pylades' und Orests Leben zu retten, sondern es gilt zudem, die neu gewonnene lebensbejahende Kraft des Bruders zu schützen und zu bewahren. Aus diesem Grund ist es notwendig, dass Iphigenie dem Fluchtplan zustimmt und ihn bedingungslos mitträgt, auch wenn er mit einer Lüge Thoas gegenüber verbunden ist.

Pylades drängt die Freunde *„zu schnellem Rat und Schluss"* (V1369), da die gefährliche Situation Eile gebietet und die Flucht zu Schiff unmittelbar bevorsteht. Dadurch, dass am Ende des dritten Aufzugs die Möglichkeit einer Rettung erneut in greifbare Nähe rückt, scheint alles auf eine pragmatische Lösung hinauszulaufen und die Beachtung der sittlichen Werte – in diesem Fall der Wahrhaftigkeit – zweitrangig zu sein.

3.18 Erschließung von Schlüsselstellen 3: Aufzug VI, 1. Auftritt

In dieser Szene verstärken und konkretisieren sich Iphigenies Zweifel an Pylades' Plan. Mehr und mehr widerstrebt ihr die Aussicht, ihren Part zu erfüllen und Thoas zu hintergehen, damit die geplante Flucht gelingen kann. Nach anfänglicher Bewunderung für Pylades' Entschlossenheit und Listenreichtum erkennt Iphigenie, dass die Lüge, zu der sie sich um seiner Strategie willen verpflichtet hat, nicht ihrem Wesen entspricht. Dadurch, dass nun auch die problematischen Aspekte des Fluchtplans für Iphigenie zunehmend in den Vordergrund rücken, deutet sich bereits die Wendung ihres Handelns hin zur Wahrhaftigkeit an.

Iphigenies Monolog lässt sich in drei Sinnabschnitte gliedern: Im ersten Teil lobt Iphigenie die Götter, die den Menschen zwar ein wechselhaftes Schicksal auferlegen, in Zeiten der Not aber auch Hilfe leisten, indem sie *„einen ruhigen Freund"* als Beistand schicken (V1369-1381). Als ein solcher wurde ihr Pylades an die Seite gestellt, den sie wegen seiner Tatkraft und Klugheit verehrt. Obwohl Iphigenie dessen Fluchtplan zur Rettung der Griechen in Erwägung zieht, fühlt sie sich unbehaglich, da er mit einer Lüge verbunden ist, auf die sie sich weder einlassen kann noch will (V1382-1404). Im dritten Abschnitt nehmen Iphigenies Bedenken gegen Pylades' List immer mehr zu, denn sie erkennt, dass diese nur eine vordergründige Lösung darstellt: Durch eine Lüge könne keine wirkliche Befreiung erfolgen, da die Rache der Götter früher oder später den Heuchler treffen wird. Iphigenie sorgt sich auch um ihren Bruder, der, kaum von den Erinnyen erlöst, möglicherweise schnell wieder deren Opfer werde, sobald er den heiligen Hain verlassen hat. Außerdem besteht ständig die Gefahr, dass man die Flüchtigen entdeckt und tötet, was Iphigenie sehr ängstigt. Als sie den Boten des Königs kommen sieht, dem sie *„mit falschem Wort begegnen soll"*, spürt sie, wie eine noch stärkere Beklemmung als vorher sie ergreift (V1405-1420).

Dieses *„falsche Wort"*, die Lüge, die von ihr Thoas gegenüber verlangt wird, ist die Ursache für Iphigenies Gewissenskonflikt, den sie in ihrem Monolog offenlegt. Obwohl sie sich in IV,1 noch nicht frei und mutig zu „Aufrichtigkeit", „Humanität" und „Autonomie" bekennt, findet infolge ihrer veränderten Einstellung gegenüber Pylades eine erste Hinwendung zu ebendiesen Idealen statt. Glaubt sie zunächst noch, auf dessen Führung angewiesen zu sein, da die Fähigkeit zur Lüge ihr nicht geläufig sei (vgl. V1401f.), so zeigt sie durch ihre darauf folgende Reflexion, dass sie Unehrlichkeit um des eigenen Vorteils willen aus mehreren Gründen ablehnt:

„O weh der Lüge! Sie befreiet nicht
Wie jedes andre, wahrgesprochne Wort
Die Brust; sie macht uns nicht getrost, sie ängstet
Den, der sie heimlich schmiedet [...]" (V1405-1408).

Indem Iphigenie sich schrittweise bewusst wird, welch gefährliche Folgen die Lüge hat, deutet sich ein Umschwung in ihrem Denken und Handeln an, welcher die *„unerhörte Tat"* in V,3 - ihr Bekenntnis zu bedingungsloser Aufrichtigkeit und ihr eigenverantwortliches Handeln nach den Prinzipien der Humanität - erst ermöglicht. Die vorliegende Textstelle hat entscheidende Bedeutung für Iphigenies Entwicklung und damit für den weiteren Verlauf des Schauspiels, da im Monolog ihre Entscheidung zugunsten der ethischen Ideale, die für die Epoche der Klassik wegweisend waren, rational begründet und so gewissermaßen vorbereitet wird.

Bei der Untersuchung der sprachlichen Gestaltung der Szene fällt auf, dass Iphigenie nicht im Blankvers, sondern freirhythmisch spricht. Durch das Fehlen eines festen, gleich bleibenden Metrums wird ihre Unentschlossenheit, ihr Hin-und-Hergerissensein zwischen moralischer Pflicht und persönlicher Neigung, betont. Auch die sich häufenden Verneinungen in ihren Reflexionen über List und Lüge (vgl. V1403, V1405, V1407) weisen darauf hin, wie ängstlich und unsicher Iphigenie zu diesem Zeitpunkt noch ist, weshalb sie glaubt, Pylades' Hilfe und Leitung nötig zu haben. Doch die bedrohliche Wirkung der Lüge - rhetorisch verstärkt durch deren Personifikation (V1405-1408) und fortgeführt im Bild vom *„losgedruckt[en] Pfeil"*, der zuletzt *„den Schützen"* selbst trifft (V1409-1411) - führt dazu, dass Iphigenie beginnt, ihre Haltung zu überdenken und sich dem Gewissenskonflikt zu stellen. Wie sehr sie unter demselben leidet, wird in kurzen, klagenden Ausrufen zum Ausdruck gebracht (V1401: *„Ach!"*; V1404f: *„Weh! O weh! Der Lüge!"*). Der Sprachduktus Iphigenies verändert sich im Laufe des Monologs: Überwiegen im ersten Abschnitt noch einfache, zurückgenommene Verse, mit denen sie sich des Beistands der Götter versichert, so wird im zweiten Teil ihre Verehrung für Pylades' Umsicht durch einen feierlich anmutenden Gebetston versprachlicht. Im dritten Part verdeutlichen hingegen viele expressive Elemente, wie unmittelbar aufeinander folgende kurze Sätze und Ausrufe (V1405; V1415-1418), Iphigenies Unschlüssigkeit und ihre Angst vor der unabwendbaren Entscheidung.

3.19 Erschließung von Schlüsselstellen 4: Aufzug V, 3.Auftritt

Der vorliegende Dialog zwischen Iphigenie und dem Taurerkönig Thoas behandelt deren Entscheidung im zentralen Konflikt des Schauspiels. Indem die Protagonistin sich ungeachtet aller pragmatischen Überlegungen und Erwartungen von Seiten ihres Bruders und Pylades' zur „unerhörten Tat" durchringt, handelt sie autonom und im Einklang mit sittlich-humanen Werten.

Der Textauszug lässt sich in drei Sinnabschnitte unterteilen: *„Ich bin so frei geboren als ein Mann"* (V1858). Mit diesen Worten reagiert Iphigenie auf Thoas' schroffe Aufforderung, ihren Dienst zu tun und die geforderten Menschenopfer unverzüglich zu vollziehen. Sie verlangt von dem König, dass er ihren sittlichen Standpunkt anerkennt und begründet dies mit den natürlichen Rechten der Gleichheit und Freiheit, die Männern wie Frauen gleichermaßen zustünden (V1855 – 1885). Im zweiten Abschnitt bringt Iphigenie zunächst ihre Verunsicherung zum Ausdruck, da sie nicht weiß, wie sie auf Thoas' drängende Fragen reagieren soll. Sie enthüllt diesem zwar nicht die Identität der Fremden, gibt aber zögernd zu, dass sie wohl Griechen seien. Fast schon zur *„unerhörten Tat"* (V 1892) – dem Bekenntnis zur vorbehaltlosen Wahrhaftigkeit – entschlossen, lässt sie Thoas an ihren Gewissensqualen angesichts der bevorstehenden Entscheidung teilhaben (V1886 – 1919). Im dritten Teil des Auftritts verrät Iphigenie schließlich dem Taurerkönig den Fluchtplan, gibt die Namen der beiden Griechen preis und erzählt, mit welcher Absicht diese nach Tauris gekommen seien. Am Ende spricht sie Thoas die alleinige Entscheidungsgewalt über das Schicksal der Letzten des Tantalidengeschlechtes zu, macht aber gleichzeitig deutlich, dass seine Überlegenheit als moralische Verpflichtung zu verstehen sei. Damit vertraut sie auf die nachhaltige Wirkung ihres eigenen wahrhaften und humanen Handelns auch den „Barbaren" gegenüber (V1919 – V1942).

Der vorliegende Dialog ist im *Blankvers* gehalten, dessen Regelmäßigkeit jedoch an einigen Stellen unterbrochen wird, um den Seelenzustand des Sprechenden – in diesem Fall Iphigenies – metrisch zu unterstreichen. So dienen in Vers 1889 zwei aufeinander folgende Senkungen dazu, deren Verunsicherung gegenüber dem misstrauisch nachfragenden Thoas auszudrücken: *„Sie sind – sie scheinen – für Griechen halt ich sie"* (V1889).

In den *rhetorischen Fragen*, die Iphigenie dem Taurerkönig stellt, um ihr Recht auf sittliche Autonomie zu begründen, sind jeweils zwei Hebungen an den Anfang der Verszeile gesetzt. Auf diese Weise erhalten die als Fragen getarnten Aussagen eine weitaus größere Eindringlichkeit und Nachhaltigkeit:

„Hat denn zur unerhörten Tat der Mann Allein das Recht? Drückt denn Unmögliches Nur er an die gewalt'ge Heldenbrust? [...]" (V1892 – 1896).

Außerdem verstärken zahlreiche Enjambements die Bedeutung von Iphigenies Ausführungen sowie die Dynamik des Dialogs (vgl. z.B. V1908 f.; V1910 ff.; V1940 ff.). Die Redeanteile und die Sprechweise der beiden Dialogpartner sind dem Gesprächsinhalt entsprechend ungleich: Während Thoas seine Aufforderungen und Fragen an Iphigenie in Parataxen äußert, verwendet Letztere eher einen komplexen hypotaktischen Satzbau, etwa, wenn sie ein sittliches Anliegen erklären will (vgl. z.B. V1859 – 1864; V1876 – 1878; V1883 – 1885; V1914 – 1919).

Iphigenie spricht in einem erhabenen Stil, der sich vieler Metaphern und ausdrucksstarker Personifizierungen bedient: *„[...] Auf und ab Steigt in der Brust ein kühnes Unternehmen"* (V1912 f.). Thoas erweist sich als ebenbürtiger Gesprächspartner und antwortet auf hohem sprachlichen Niveau (vgl. z.B. V1937 ff.).

Indem Iphigenie in dieser Szene eine klare Entscheidung zugunsten der Wahrhaftigkeit trifft, vollendet sie den inneren Entwicklungsprozess, der an mehreren Stellen im Schauspiel – explizit im Monolog in IV.1 – bereits deutlich wurde. Während sie bis zur vorliegenden Szene zwar Zweifel an der Berechtigung eines rein pragmatischen Handelns hegte, den Konflikt zwischen Pflicht und Neigung jedoch in ihrem Inneren mit sich selbst austrug, so gelingt es ihr nun, durch ihren eigenverantwortlichen Entschluss im Sinne der Humanität, beide Pole in Einklang zu bringen. Außerdem löst sie ihren emanzipatorischen Anspruch ein, da sie sich mit der *„unerhörten Tat"*, die - ihrem eigenen Beispiel zufolge - auch den Frauen zusteht, auf eine Ebene mit dem Mann stellt, der sich Ruhm und Ehre im Krieg erwirbt.

4. Die Kombination der Textbausteine

Sie haben sich nun umfassend mit Goethes Schauspiel auseinandergesetzt. Nach gründlicher Bearbeitung der Aufgaben zur Interpretation einzelner Szenen werden Sie bereits festgestellt haben, dass ein Grundkonflikt immer wieder auftaucht: Iphigenie hat sich zwischen *pragmatischem* und *sittlichem* Handeln zu entscheiden. Goethes Ideendrama beleuchtet das Ringen der Protagonistin darum, die beiden gegensätzlich erscheinenden Seiten im Sinne der Humanität zu einer Synthese zu führen.

Die „Kunst" der Erschließung einzelner Szenen aus *Iphigenie auf Tauris* besteht in ihrem Kern darin, die Stadien der Entscheidungsfindung Iphigenies, ihre Entwicklung hin zu einer autonomen Persönlichkeit im klassischen Sinn, nachzuzeichnen. Hierfür finden Sie im vorliegenden Heft unter 2.16-2.19 Beispielaufgaben und unter 3.16-3.19 Musterlösungen. Für die Szenen, die im vorliegenden Arbeitsheft nicht besprochen werden, können Sie auf das dort Erarbeitete zurückgreifen und Analogien bilden.

Rechnen Sie damit, dass in schulischen Leistungsüberprüfungen zu *„Iphigenie"* über die Erschließung einzelner Szenen hinaus ggf. verlangt werden wird, dass Sie anhand einer Szene typische Merkmale eines Werks der Weimarer Klassik darstellen, männliche vs. weibliche Konfliktlösungsstrategien im Schauspiel analysieren usw..

Darüber hinaus benötigt Ihre Arbeit eine Einleitung, eine Gliederung und einen Schluss.

Am Ende dieser Klausurenhilfe sollen Sie Ihre Vorbereitung dadurch abrunden, dass Sie das Erarbeitete in ein Gesamtkonzept einbetten. Legen Sie sich eine Einleitung zurecht, erstellen Sie eine Gliederung und finden Sie einen Schluss für Ihre Arbeit.

4.1 Übungsaufgabe

Bitte erstellen Sie zum folgenden Thema eine Gliederung mit Einleitung und Schluss:

a) Erschließen Sie den Auszug V 1855-1942 aus dem Dialog Iphigenie-Thoas hinsichtlich Inhalt und sprachlicher Gestaltung.

b) Erläutern Sie die Bedeutung männlicher und weiblicher Konfliktlösungsstrategien in Iphigenie auf Tauris.

Szenentext oben unter 2.19

Hinweise zur Lösung:

A) Einleitung

Mögliche Einleitungsgedanken sind:

- Bezug auf die Epoche
- Goethes Schauspiel als klassisches Drama
- Iphigenie als *„idealer Mensch"*, der dem Menschenbild der Klassik entspricht.

Orientieren Sie sich an den Arbeitsergebnissen in *Baustein 3.7*

B) Gliederung Hauptteil

Orientieren Sie sich an den Arbeitsergebnissen in den *Bausteinen 3.19* und *3.14.*

C) Schluss

Bitte verzichten Sie bei der Formulierung eines Abschlussgedankens auf platte Sätze folgenden Typs: *„Das Stück hat mir sehr gut gefallen, weil...", „Das Drama ist Goethe hervorragend gelungen... „, „...ist toll formuliert" etc.*

Als sinnvoller Abschluss Ihrer Arbeit bieten sich folgende Alternativen an:

- Sie runden Ihre Arbeit durch Rückbezug auf Ihren Einleitungsgedanken ab
- Sie gehen kurz auf die Aktualität der Thematik des Dramas ein

4.2 Musterlösung zur Übungsaufgabe

A) Einleitung

Goethes Drama *Iphigenie auf Tauris,* 1787 in Versfassung erschienen, gilt als eines der Schlüsselwerke der Weimarer Klassik. Die geschlossene Dramenform orientiert sich formal und inhaltlich an dem aristotelischen Kriterium der Einheit von Ort, Zeit und Handlung. Indem die Protagonistin in ihrem inneren Konflikt zwischen sittlichem und pragmatischem Handeln bewusst den Weg der Wahrhaftigkeit wählt, erwirkt sie eine humane Lösung des Konflikts. In ihrem Handeln verwirklicht sich das Ideal des „klassischen" Menschen, der aus innerer Überzeugung und eigener Kraft tugendhaft handelt. Dies soll im Folgenden anhand des vorliegenden Szenenauszugs exemplarisch verdeutlicht werden.

B) Erschließung und Interpretation des Auszugs V 1855-1942 aus *Iphigenie auf Tauris/* Die Bedeutung männlicher und weiblicher Konfliktlösungsstrategien im Stück

I. Strukturierte Inhaltsangabe

1. Iphigenies Hinweis auf ihre natürlichen Rechte der Gleichheit und Freiheit (V 1855-1885)
2. Iphigenies Gewissensqualen angesichts ihrer bevorstehenden Entscheidung (V 1886-1919)
3. Iphigenies uneingeschränktes Bekenntnis zur Wahrheit und ihr Appell an Thoas' Humanität (V 1919-1942)

II. Untersuchung der sprachlich-stilistischen Gestaltung

1. Beabsichtigte Abweichungen vom Versmaß
2. Redeanteile und Sprechweise der Dialogpartner
3. Ausgewählte sprachliche Gestaltungsmittel zur Hervorhebung ihres jeweiligen Anliegens

III. Interpretation des Szenenauszugs

1. Die Bedeutung von Iphigenies *„unerhörter Tat"* für ihre persönliche Entwicklung
2. Konfliktlösung im Sinne der Aufklärung

IV. Die Bedeutung weiblicher und männlicher Konfliktlösungsstrategien in *Iphigenie auf Tauris*

1. Gegenüberstellung weiblicher und männlicher Konfliktlösungsstrategien im Schauspiel
2. Iphigenies Verständnis einer *„unerhörten"* weiblichen Tat und deren Auswirkung auf ihre männlichen Gegenspieler

C) Schluss

Obwohl die Handlung der *Iphigenie* in einer weit zurückliegenden Zeit spielt und auf einem antiken Mythos basiert, können die im Schauspiel propagierten Werte der Humanität, der Versöhnung und des friedlichen Miteinanders auch heute noch als Wegweiser zur Orientierungs- und Entscheidungsfindung dienen. Die Emanzipation der Protagonistin aus einem erstarrten Rollenbild, ihr Selbstverständnis als Frau, mit dem sie die *„unerhörte"* männliche Tat infrage stellt und sich eigenverantwortlich für die Wahrhaftigkeit entscheidet, sind als zeitlose Absage an jegliche Form von Diskriminierung, Opportunismus und Gewalt zu verstehen.

4.3 *Kopiervorlage für Textbausteine*

Textbaustein Iphigenie auf Tauris